为孩子必做的事系列

谨献给6983位为本系列图书提供素材的妈妈
以及所有新妈妈们
希望她们和她们的孩子幸福快乐

感谢403位专家的共同参与和咨询解答
感谢顾问委员会11位专家的精心审订

为孩子必做的事系列④

为4岁孩子必做的60件事

韩国《柠檬树》编辑部 编著

杨俊娟 荀晓宁 周 欣
刘 倩 张树程 李子建 译

科学普及出版社
·北 京·

图书在版编目（CIP）数据

为4岁孩子必做的60件事 / 韩国《柠檬树》编辑部编著；杨俊娟等译. —北京：科学普及出版社，2012.4
（为孩子必做的事）
ISBN 978-7-110-07320-9

Ⅰ. ① 为… Ⅱ. ① 韩… ②杨… Ⅲ. ① 儿童教育：家庭教育 Ⅳ. ①G78

中国版本图书馆CIP 数据核字（2012）第004518号

出 版 人： 苏 青
策划编辑： 任 洪
责任编辑： 何红哲 侯满茹
封面设计： 彩奇风
正文设计： 青青虫工作室
责任校对： 韩 玲
责任印制： 张建农

出版发行： 科学普及出版社
（地址：北京市海淀区中关村南大街16号 电话：010−62173865 邮编：100081）
印 刷： 北京长宁印刷有限公司印刷
印 次： 2012年4月第1版 2012年4月第1次印刷
开 本： 787毫米 × 1092毫米 1/16
印 张： 11.25
字 数： 244千字
书 号： ISBN 978−7−110−07320−9/G · 3272
定 价： 32.00元

（凡购买本社的图书，如有缺页、倒页、脱页者，本社发行部负责调换）
本社图书贴有防伪标志，未贴者为盗版

策划理念

年轻的妈妈到底需要一本怎样的育儿书

“**事事亲力亲为会觉得很吃力，什么都不做又怕孩子落后。**” 很多妈妈都有这样的苦恼，孩子稍稍有点进步就想能进步得更快些，尽早尽多地教孩子一些东西。可有的妈妈发现，虽然努力开展了各种早期教育，但到了真正需要学习这些东西的时候，孩子反而落在了后面。早知道是这样的结果，当初的努力简直就是搬起石头砸自己的脚。那么，早期教育是早开始好还是晚开始好，其标准究竟是什么呢?

“**为什么许多育儿书都只讲理论而不实用呢?**” 作为妈妈，很多事情都要独立作出决定。这时候，不少妈妈就会胆怯，没有自信，于是就求助于各种育儿书籍。可是，那些育儿书为什么都千篇一律地把内容集中在理论上呢? 那些理论虽然非常棒，可当真正面对孩子的时候，为什么觉得那些理论那么遥远呢? 最后只好去网上寻找答案了，但搜索到的结果却让人哭笑不得。难道就没有一本书能把理论与实际真正结合起来吗?

“**现在就给那些彷徨的妈妈一些中肯的建议。**” 很多妈妈都在为过去虚度的时间后悔，可又不知道现在该怎么办，既迷惑又焦急。年轻的妈妈都已经意识到，与自己成长的年代不同，妈妈的努力以及妈妈所作出的决定会对孩子的未来产生深远的影响。那么，这样一本可以化解迷惑与焦急的“妈妈指南”哪里有呢?

成书过程

6983位妈妈与403位专家共同给出了最实用的育儿答案

妈妈们亲自提交的“育儿问题”　现在的妈妈们究竟需要一本什么样的育儿书？对于这个问题，编辑团队在经过10次网络会议和街头访问后，终于得出了答案。虽然收集到的答案多种多样，不过，最终所有的意见都统一为：妈妈们需要的是一本“能够消除实际困惑的解答书”。那么，怎样才能得到一本好的“解答书”呢？ 首先，妈妈们在不断交流中汇总出一张“问题列表”，然后编辑团队按照孩子的不同年龄段各提取了200个育儿问题，以此作为本套书的基础。

专家顾问委员会11位委员挑选出“重点问题”　对按照年龄段筛选出的200个育儿问题，编辑团队把它们交给专家顾问委员会，并对顾问委员会提出要求：按照不同年龄段的发育标准，从各年龄段的200个问题中分别挑选出100个重点问题。

根据6476位妈妈投票再筛选出“核心问题”　顾问委员们挑选出的问题，再次被提交到育儿网站上。编辑团队的想法是，希望妈妈网友把各年龄段的育儿问题分别精简到最核心的50个问题。最后的结果有6476位妈妈参与了投票。于是，“最实用的育儿问题”出炉了。

不同领域的403位专家耐心解答　针对每个年龄段精心挑选出来的50个问题，构成了本套书不同分册的核心内容。在这份详尽、具体的问题列表出炉以后，事情变得明晰起来。在对以专家顾问委员会为核心的403位专家的咨询中，在对同类书籍的参考中，编辑团队耐心地寻找着最准确、最全面的答案。

507位有经验的妈妈提供了她们的“生活智慧”　专家的意见固然重要，而那些有丰富实践经验妈妈们的看法，也同样受到编辑团队的关注。通过采访这些妈妈，获得了很多不同于书面理论的回答，这些回答更贴近生活。

如何使用本书

“为孩子必做的事系列”是一套按照年龄段编写的实用育儿书。我们抛弃了厚度和泡沫，把更多的时间花在寻找现实生活中真正需要的答案上。

不同年龄段的育儿重点

1岁（0～12个月） 不同月龄的喂养方法；新手妈妈的育儿妙招。

2岁 培养好习惯；2岁孩子的“话痨”妈妈。

3岁 培养有想象力的孩子；在与孩子的主权争夺中获得胜利。

4岁 提高智商；让孩子在游戏中学习各种技能。

5岁 性格教育；培养社交能力，为未来的领导者打下基础。

6岁 奠定学习能力的基础；准备入学，增强体质，培养耐性。

这是年轻妈妈身边的助手 本套书不同于育儿专家的论文或教育家的著作，虽然我们也得到了许多育儿专家的帮助，但并没有照搬照抄专业理论。我们尽可能做到把理论与实际相结合，给出尽可能接近实际生活的正确答案。

当你需要专家时，请打开本书 在某个阶段，孩子应该发育到怎样的水平？这应该是每个妈妈都想知道的问题。本套书按照不同的年龄段，提供了孩子发育指标列表。如果发现孩子存在异常，可以尽快寻求专业人士的帮助。通常来说，异常被发现得越早越好，治疗得越及时越好。

专家顾问委员会

感谢403位专家参与了问题的解答，尤其要特别感谢11位各个领域的著名专家担任本套丛书的顾问委员会委员，他们为这套书付出了宝贵的时间和精力。

高西焕 曾担任韩国顺天乡大学和韩国成均馆大学的客座教授，是儿童肥胖症领域的权威专家，在家庭制作幼儿辅食方面也颇有建树。目前独立经营一家儿科诊所。

金英勋 毕业于韩国议政府天主教大学医学院，获得博士学位。曾在美国贝勒大学进修儿科和小儿神经科，是韩国最优秀的小儿科专家。目前担任韩国议政府天主教大学医学院附属圣母医院的副院长。

金仁京 毕业于韩国梨花女子大学政治外交系，在美国特洛伊大学获得硕士学位。目前主要从事儿童英语教育工作，同时担任韩国首尔小学英语研讨班的培训讲师以及韩国蔚山大学的英语培训讲师。

文美熙 妊娠心理专家，曾在韩国首尔大学小儿精神系进修，目前担任韩国人类发展研究所所长。作为三个孩子的母亲，文美熙在儿童心理与家庭教养方面有独到的见解。

徐贤珠 著名SUKSUK网站的创办人。网站主要服务对象是对儿童英语教育感兴趣的父母，目前已拥有大约30万名会员。徐贤珠的不少著作都是受到广泛欢迎的畅销书。

孙硕汉 毕业于韩国延世大学医学系，获得博士学位。曾就职于韩国多家医院小儿精神科。目前于韩国延世神经科附属小儿青少年神经科医院就职，致力于儿童和青少年的精神健康研究。

孙洪民 曾在韩国淑明女子大学、韩国首尔女子大学、韩国广播通信大学教授幼儿美术。创办了韩国儿童美术教育研究所。在进行儿童美术指导的同时，还承担着电视台教育频道的儿童美术节目录制工作。

申东吉 儿科专家。毕业于韩国庆熙大学中医系，获得博士学位。目前担任韩国最好的儿科中医院——韩国束草涵小儿中医院院长，从事儿童消化与发育方面的研究。

李仁实 资深育儿专家，曾担任韩国女性职场幼儿园以及韩国三星幼儿园的院长，并兼任网络学校韩国三六大学的幼儿教育系教授。他还凭借在实践中积累的宝贵经验，创办了专门服务于婴幼儿的教育机构。

玄顺英 毕业于韩国梨花女子大学特殊教育系和韩国东大学院特殊教育系。在韩国圣母医院语言治疗室、韩国红十字会语言治疗室从事儿童教育研究。同时，还担任电视台教育频道和文化频道幼儿节目的顾问。目前担任李路达儿童发展研究所所长。

黄京淑 图书研究专家、插图画家。曾为《大英百科全书·韩国部分》和《大英百科全书·儿童图书馆》执笔，还曾在《柠檬树》和《东亚日报》连载作品。长期在育儿专业网站《小书房》栏目中连载书评。

Part 03 让孩子健康茁壮地成长

必须重视孩子的健康

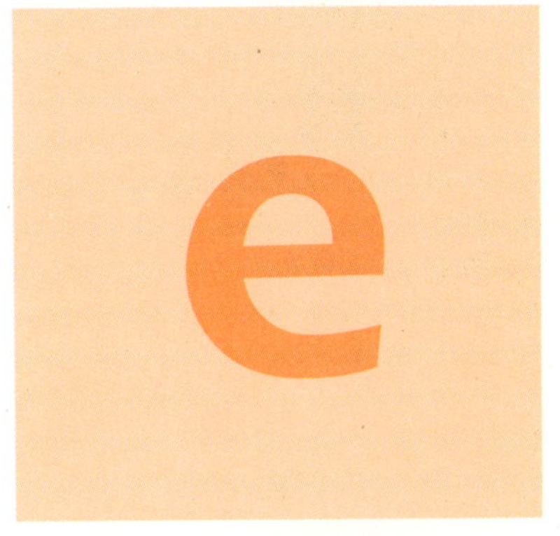

Part 04 让孩子在充满爱的环境里成长

充分发挥父母职责

Part 05 培养孩子认知能力的方法总结

必须帮助孩子提高认知能力

Part 06 健康成长的基础工程 孩子必须养成的生活习惯

Tips 实用小贴士

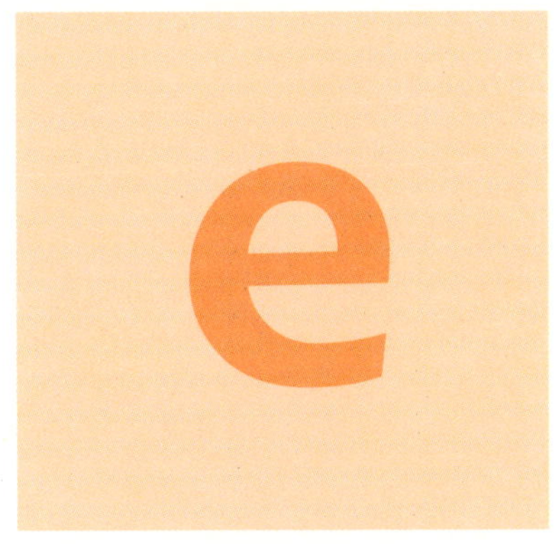

Story 每个伟大人物的背后都有伟大的父母

读懂你的孩子

Understand a child

37~48个月

孩子4岁了，妈妈已经不再占据他（她）的全部生活了。孩子有时和小朋友玩起来甚至会忘记吃饭，忘记上厕所。在这个阶段，小朋友会带给他（她）一个更广阔的天地，也会让他（她）的语言能力突飞猛进。虽然并不清楚什么是友情，但这个年纪的孩子都非常热衷于和小朋友在一起。其实，与小朋友在一起，就如同走入了一个小社会，孩子会在与小朋友的融洽相处中学到一些必要的规则。

37~48个月，妈妈必须知道的事情

4岁孩子的身高，女孩一般为94～102厘米，男孩一般为95～103厘米；体重方面，女孩一般为16.43～18.43千克，男孩一般为16.99～18.98千克。4岁孩子的身体，已经非常健壮了。妈妈完全可以放心地让他（她）一个人去跑去跳，而孩子在智能发育方面也有了长足的进步。在这个时期，小肌肉群发育迅速，孩子会经常用到手，还经常用手指去捏东西。下面就是4岁孩子的一些基本指标。

生长发育

□可以独立活动每个手指。

□会使用剪刀。

□可以模仿画出图形（○、△、□等）。

□可以熟练地骑儿童三轮车。

□可以自由上下台阶。

□可以自己扣上外套的扣子。

□可以单腿平稳站立2秒钟以上。

□能用双手接住扔过来的大球。

□可以堆起6块以上的积木。

□会绑带子。

□可以用线穿起大珠子。

健康

□20颗乳牙全部长出来了。

□吃饭情况很好，不偏食。

□应补充维生素制剂或者其他有益身体健康的物质。

□注意观察日常过敏的情况。

□身高和体重持续增长（详见0.1和表0.2）。

□可以接受过敏原检查。

□注意预防小儿肥胖。

□没有眨眼或晃脚等抽动症的症状。

□坚持接种疫苗，并注意换季时的生活管理。

认知、语言发育

□明白从不同角度看身体时，形体是不同的。

□不明白的时候，会用“嗯？”或者“你说什么？”来要求再次说明。

□可以用3块积木搭出桥的形状。

□能说出3种颜色和图形的名称。

□可以说出自己的性别、年龄、名字。

□可以说出由4个以上词组成的句子。

□一次可以执行包含两项内容的指令。

□了解部分词语发音的变化。

□说话流畅，不结巴。

□可以连续说出两三个短句。

□经常主动说出和朋友在一起时发生的事情。

□自问自答的时候越来越多。

□相信童话或电视里的事情是真的。

□可以将物品按照蔬菜、水果、动物等进行分类。

□了解上下、前后等方位概念。

□常常问“为什么？”或者“怎么样？”并对别人的回答感兴趣。

□说话的时候，开始适当地使用形容词和副词。

□喜欢和大人聊天。

□可以从因果关系中得出结论。

□可以对两个事物进行比较，并找出异同。

性格、社会性发育

□可以与其他小朋友开展合作活动。

□习惯去亲子园和儿童之家。

□在熟悉的环境中，可以很容易离开父母。

□可以叫出朋友的名字。

□可以通过自己的想象编故事。

□喜欢和小朋友一起玩。

□可以感受到愤怒、悲伤、害羞、忌妒和恐惧等各种情绪，并通过行动表现出来。

□学会了隐藏自己的感情，会假装不是很在乎。

□耍赖、发脾气的情况变少。

□对于妈妈说的话，开始有了自己的判断。

□在适当的情况下，会使用一些表达感情的词语，比如“可怜”或“伤心”等。

□遇到挫折的时候，自己会想办法应对。

□可以和两三个小朋友一起玩集体游戏。

□还无法完全控制攻击性，和朋友一起玩的时候，偶尔会打架。

□为了获得称赞，会做出某种行为。

□可以搞清楚性别的差异。

生活习惯

□可以自己扣上较大的纽扣，并自己脱衣服。

□可以在妈妈的帮助下，自己刷牙。

□知道先咽下嘴里的食物后，再吃下一口。

□夜里可以控制小便。

□可以自己单独洗手洗脸，并用毛巾擦干。

□吃饭时能做到跟大人差不多。

□可以用勺子吃饭，不会把饭菜撒出来。

□可以自己单独穿袜子或短裤。

□会自己收拾玩具。

□知道对长辈使用礼貌用语。

□不说脏话。

□早睡早起。

□知道排队、有序乘车。

□会把垃圾扔进垃圾桶。

□好奇心增强，有时不听指挥，做事磨蹭。

教育

□喜欢玩拼图。

□开始使用妈妈挑选的笔记本。

□能够听英语童谣。

□可以模仿大人看书。

□对于熟悉的书，可以一边看图，一边说出文字内容。

□对大人的世界充满兴趣，喜欢“过家家”。

□经常反复看同一本书，但对新书也表现出强烈的兴趣。

□可以记住在幼儿园里学习的童谣和儿歌。

父母的责任

□如果孩子说谎，不要过度紧张，要弄清楚原因。

□要引导孩子，让他（她）学会考虑他人的感受和心情。

□当孩子做有难度的事情时，要鼓励并支持。

□尽量让孩子自己穿衣服、上厕所及洗手，必要的时候可以帮助他（她）。

□对孩子说话不要太随意。

□经常带孩子去亲戚家，让他（她）了解“家族”的概念。

□不要用“要是你不听话，妖怪就把你抓走”这样的话吓唬孩子。

□当孩子出现发音错误的时候，不要强行纠正，父母可以装作没听到。

□对于要求孩子遵守的规则，父母必须首先遵守。

□观察孩子擅长和不擅长的事。

□当孩子对于一些明确的规则提出疑问时，不要强迫孩子接受，应该耐心地给他（她）解释。

□孩子对于大人的称赞和责备都会非常敏感，所以应该多关心和鼓励孩子。

□对于食物、衣服、做事的顺序等，尽量让孩子自己选择。

□可以在家里开展数字游戏。

□可以在做饭、做家务的时候让孩子帮忙。

□邀请孩子的朋友到家里玩，或者带他们一起去公园。

检查孩子的注意力

1 手脚总爱动，无法安静下来。

2 无法持续玩一个游戏。

3 总是到处乱跑。

4 话特别多。

5 总是妨碍其他人的活动。

6 经常丢东西。

7 总是出现大大小小的事故，经常受伤。

8 排队等候时，无法遵守秩序。

9 无法和小朋友一起融洽相处，总是打架。

结果分析

1～3项：注意力方面没有太大问题。

4～5项：注意力方面存在着一定的问题，须引起注意。

6～9项：注意力方面存在着严重问题。孩子如果持续6个月以上存在这种情况，有可能是多动症的表现（即注意力缺失/多动症），父母要更加细心地关注孩子，并及时到相关专业机构进行咨询、治疗。

表0.1　37~48个月女童的平均身高和体重

月龄	体重（千克）	身高（厘米）
37个月	16.43	94.2
42个月	17.31	98.7
42个月*	15.83	101.3
48个月	18.43	102.1
48个月*	16.84	104.9

资料来源：大韩小儿科学会37～48个月女童发育标准值。

注：*数据为“中国九市城区7岁以下儿童体格发育测量值（2005年）”，供参考。

表0.2　37~48个月男童的平均身高和体重

月龄	体重（千克）	身高（厘米）
37个月	16.99	95.7
42个月	17.98	99.8
42个月*	16.33	102.4
48个月	18.98	103.5
48个月*	17.37	106.0

资料来源：大韩小儿科学会37～48个月男童发育标准值。

注：*数据为“中国九市城区7岁以下儿童体格发育测量值（2005年）”，供参考。

Part 01

让孩子更加讨人喜欢

必须培养孩子的社交能力

01

与孩子一起画画

红色、蓝色、绿色、黄色……每个孩子都喜欢用各色蜡笔在墙上、纸上随意地涂画。据韩国爱堂儿童美术馆院长郑成熙介绍，孩子都很喜欢画画，而且是非常喜欢，甚至可以说是热爱。

在这个阶段，孩子还无法通过语言或文字来表达自己的想法，所以画画就成了他（她）表达思想的最佳方式。不过有些妈妈会说，“我的孩子不喜欢画画。”那么要观察一下，这样说的妈妈是不是都不喜欢孩子把家里弄得很乱。或者每当孩子在墙上涂鸦的时候，妈妈就会制止他（她）说，“不可以这样。”或许是妈妈的这种做法，让孩子不能随心所欲地涂画，从而使孩子放弃了对这种表达方式的尝试。所有的孩子天生都是画家、艺术家，所以父母要为孩子准备最好的全套绘画工具。即使他（她）把衣服和墙壁都画得一团糟，父母也要一笑置之。在这样的氛围中，孩子的创造力自然会与日俱增。毕加索曾经说，“我花费了一生的时间学习像孩子那样画画。”相信你的孩子拥有毕加索的天分。

和小朋友一起玩，可以提高运动和语言能力

即使妈妈不在身边，只要和小朋友在一起，就能完全沉浸在游戏中，这就是4岁的孩子。在这个时期，与同龄小朋友的交往会让孩子学到很多从父母那里学不到的东西。

4岁以后，孩子的自律性和社会性越来越强。“紫英在幼儿园里，不太喜欢和小朋友一起玩，好像更愿意一个人待着，更不会主动交朋友。孩子这么不合群，让人很担心。”对于4岁的孩子来说，与朋友建立良好的关系是非常重要的。在这个阶段，父母更多的是照顾孩子的日常生活。而通过与朋友相处，孩子可以学会让步与忍耐，因此父母应该积极地帮助孩子，让他（她）多接触同龄的小朋友，并且彼此建立友善的关系。

为什么要交朋友

建立良好的人际关系 在小朋友们一起玩的过程中，他们可能会出现矛盾，也可能需要互相帮助。孩子可以通过亲身体会，学会应该如何结交朋友。

促进身体发育 在和小朋友玩耍的时候，孩子们的身体经常会接触和碰撞，这可以很好地提高孩子的运动能力。

促进语言发育 在大人看来，孩子之间的对话可能很幼稚。但是，孩子却能在与小朋友的交流中学到丰富的语言表达方式。

怎样交朋友

多和其他妈妈在一起 多和其他妈妈在一起，也就自然创造了孩子与其他小朋友相处的机会。如果妈妈善于社交，孩子也很容易交到很多朋友。崔灿希的女儿民英非常内向，为了孩子，崔灿希非常积极地参加幼儿园组织的活动，还和小区里其他妈妈保持着亲密的关系，而她所做的这一切也帮助民英交到了很多朋友。

穿着打扮很重要 4岁的孩子虽然还小，但也都喜欢和干净的孩子一起玩。所以去幼儿园也好，去邻居家也好，最好把孩子打扮得整洁可爱。初智英是一位职场妈妈，因为最近工作比较忙，疏忽了孩子民贞的穿着打扮，连民贞衣服上破了个洞都没有发现。结果，民贞在幼儿园里被小朋友嘲笑，幼小的心灵受到了伤害。发生这件事以后，初智英无论多么忙，都坚持每天给孩子洗澡，然后帮孩子换上整齐干净的衣服。

邀请孩子的朋友到家里玩 可以经常邀请孩子的朋友到家里玩，最好能让他们尽情地玩耍，而不要过多地限制孩子，比如不能跑，不能大声喊叫等。东洙在小朋友中人缘很好，最主要的原因是因为他的妈妈徐希拉很受孩子们喜欢。小孩子对大人对自己的态度都是非常敏感的。徐希拉很喜欢小孩，对东洙的朋友就像对待自己的儿子一样，非常亲切。

Tips 交到好朋友

恩宰4岁的时候，家搬到了一个新的地方。很长一段时间，恩宰几乎都没有什么朋友。后来恩宰去了幼儿园，妈妈崔贤珠一直在等待，希望儿子独立交朋友。可是幼儿园里一名大块头的孩子经常欺负恩宰。虽然看到儿子挨打，崔贤珠心里很难受，但她还是忍住了，而且每次去幼儿园见到那个孩子的时候，对他都很和善。等到恩宰逐渐适应了幼儿园的生活以后，崔贤珠邀请那个孩子和他的妈妈到家里做客才了解到，原来那个孩子从很小就在这个幼儿园，对于新来的小朋友，他总会用这种方式来表示关注。后来，恩宰和那个孩子成了很好的朋友，而且慢慢地还交到了更多的朋友，与大家的关系非常融洽。

03 孩子注意力不集中怎么办

好奇心强的孩子，都是有创造力的孩子。但是，如果好奇心太强，孩子无法对某一件事集中注意力，就需要对他（她）进行纠正了。专家建议，不要让孩子做难度太大的事情，或是一次性做太多事情，这些都容易让孩子注意力分散。

Tips 好奇心强、注意力不集中的孩子更富有创造性

泰根一直都很调皮，对什么事都充满了好奇。在幼儿园里，他经常打断老师说话，或者招惹其他小朋友。对于泰根这种注意力分散，对什么事都无法专注的情况，妈妈刘秀珍一度非常担心。但是后来妈妈发现，在画画的时候，泰根总是能够全神贯注。从此刘秀珍不再强迫孩子专注于每件事，相反，还增加了泰根画画的时间。最近妈妈则在努力引导泰根认真观察身边的事物。现在泰根注意力分散的情况越来越少了。

注意力分散的孩子，对某一件事或某个玩具的热情只会持续很短的时间，很快就会对其失去兴趣，并把目光转移到其他地方。而且这样的孩子会把刚刚做的事情忘得一干二净。因此这类孩子的行为常常是没有秩序，无法预测的。

注意力不集中，是4岁孩子父母面临的一个最大的育儿问题。在这个问题上，必须要给孩子制订明确的规则，必须告诉他（她），怎么做是不对的，怎么做才是对的。另外，父母要认真观察孩子在哪方面表现出一定的才能，从这个领域开始，训练孩子的注意力。

怎样提高孩子的注意力

当孩子专心玩的时候，不要打扰他（她） 金恩洙觉得自己的孩子成恩的注意力总是无法集中，并对此感到非常担

心。可是，通过跟幼儿园老师沟通，金恩洙才知道，自己的担心可能是过度了，而且，自己的唠叨也让孩子感到厌烦。平时，她总是打着和孩子一起玩的旗号干涉孩子的活动，这样做其实是在过分干涉孩子的自由。孩子沉浸在自己喜欢的活动中，如果父母这时候打断孩子，或者让孩子去玩别的，很容易造成孩子注意力分散。

帮助孩子把事情做完 无论大人还是孩子，完成一件事以后，都会感到非常愉快。作为父母，应该帮助孩子享受到这种快乐。当孩子完成了某项任务的时候，一定要好好地称赞他（她）。当孩子用积木搭出一座大楼，或是完成一幅拼图的时候，一定要真心地为他（她）感到高兴。那些注意力分散的孩子，在得到一项任务的时候，经常会认为那件事自己根本做不到，而且无法抵御来自周围的各种刺激。所以当孩子努力去尝试集中注意力做一件事的时候，一定要好好地鼓励他（她）。只有这样，下一次孩子集中注意力的时间才会更长。白慧京为了培养儿子尹载的注意力，经常让他做一些简单的事情，这样孩子可以很轻松地从头至尾，坚持完成。当孩子遇到困难想要放弃的时候，不要无条件地去帮助孩子，而是给孩子一些提示。最近，尹载最喜欢玩乐高积木，而集中注意力的能力也在他的浓厚兴趣中逐渐加强了。

掌握孩子的气质以及容易集中注意力的时间 每一个孩子都有凝神定气、完全集中注意力的时刻。如果孩子在早晨的状态最好，可以利用早晨的时间，让他（她）进行一些需要集中注意力的游戏或学习。妈妈金正珠就很了解孩子尹洙的特点，尹洙和妈妈一样，都是不爱睡懒觉的人。所以，每天早上起床后，尹洙都会先和妈妈一起看三本书，然后再去幼儿园。有些人可能会觉得，早上那么忙，哪里有时间看书啊，但是，对于尹洙和妈妈来说，晚上看很多书反而让他们觉得不舒服。正是得益于早晨这专注的10分钟，尹洙现在

Tips 好奇心强与注意力不集中的区别

对于孩子来说，所有的一切都是新鲜的。没见过的人，没听过的声音，都会让孩子表现出强烈的好奇心。所以一个很小的变化，也会吸引孩子的注意力。正是在这种好奇心的驱使下，孩子会学到很多东西，有丰富的体验。而注意力不集中，与这种好奇心是完全不同的。当情况与平时一样，并没有任何特别的时候，孩子依然无法集中注意力，那就不是好奇的表现了。例如，当幼儿园里新来了一个小朋友，孩子表现得特别兴奋，就属于好奇心强。若还是和平常一样，孩子在上课的时候，总是和周围的孩子说话打闹，或者一个人做些小动作，就属于注意力分散。

已经非常爱看书了。

增强孩子的体力 孩子注意力分散，无法专心做某一件事情，也有可能是身体状况不好造成的。身体不舒服是很难集中注意力的。特别是鼻炎、鼻窦炎、哮喘、过敏等，都很容易分散孩子的注意力。由斌就属于这种情况，他经常感冒，从小时候开始，支气管炎和鼻炎就经常发作，只要一到换季的时候，就会鼻塞，经常无法正常参加幼儿园的活动。由斌的妈妈崔英实认真观察孩子，发现由斌的很多问题都与健康有关，所以现在正在努力治疗孩子的鼻炎。

请和孩子一起这样玩

在被子上跳 爸爸妈妈不要随便呵斥孩子，铺好被子或地垫，让他（她）尽情地去跳吧。孩子流了汗，消耗了精力，反而会平静下来。爸爸妈妈也可以和孩子一起打滚或摔跤，充分地活动身体。想玩的时候就让孩子尽情玩，这样也可以帮助孩子把注意力集中到一个地方。

搭积木 玩累了以后，可以让孩子坐下来，玩一些安静的游戏。例如搭积木，可以让孩子搭一些简单的东西，这可以让他（她）从中获得成就感。

找东西 在桌子上放10件东西，给孩子一定的时间，让他（她）观察桌子上都有什么。然后让孩子背过身去，改变东西的位置，再把其中一件藏起来。然后让孩子看看哪件东西不见了。回答正确以后，可以给孩子一些小小的奖励。

走线 在地板上用彩带或毛线摆出一条路，然后让孩子顺着线走。开始的时候，这条路可以摆得比较宽，然后越来越窄，以此来训练孩子精确活动的能力。

专家建议 对于那些好动、注意力不集中的孩子，与其强迫他（她）安静地坐下来，不如让他（她）先把充沛的精力消耗了，然后再为孩子找一个安静的环境，帮助他（她）把情绪平静下来。

04 我的孩子有多动症吗

对于本来就非常散漫，注意力不易集中的4岁男孩来说，注意力缺失/多动症是不容忽视的问题。目前，韩国小学生中有5%都存在注意力缺失/多动症。这种病表现为多动，无法集中注意力，会影响到正常的学习活动。如果4岁孩子的注意力过度分散，妈妈就要怀疑孩子是否存在多动症的问题了。

注意力缺失/多动症如果能在早期发现，通过适当的药物治疗和心理治疗，是很容易痊愈的。丘吉尔、爱迪生等人小时候都曾经有过这种病症，但这并没有妨碍他们成长为伟大的人物。

注意力缺失/多动症的自检

1 在幼儿园上课或做事情的时候，经常因为注意力不集中而出现失误。

2 做某一件事或玩耍的时候，无法持续集中注意力。

3 不能专心听别人说话。

4 不能按照大人的要求完成一件事。

5 无法系统地去做一件事。

6 不喜欢，甚至逃避须集中注意力的活动。

7 经常弄丢一些有用的东西。

8 容易因为外部影响而分散注意力。

9 常忘记做一些经常要做的事情。

10 总是扭动身体或手脚乱动。

11 须要安静地坐着的时候，也会一直走来走去。

12 须要保持安静的时候，也会一直跑跳。

13 无法参与一些需要安静的游戏或活动。

14 一直在动，似乎无法停下来。

15 说话很多。

16 等不到问题问完就回答。

17 集体活动中常不遵守规则。

18 经常妨碍或干涉别人的语言或行动。

在1～9项中达到6项以上，10～18项中达到6项以上，并且这些特点持续存在6个月以上，就须要去咨询一下儿科专家了。

注：以上方法由韩国儿童咨询中心提供。

05

因为害羞而不喜欢和小朋友一起玩

“智尹很怕生，要是碰到不认识的人问他‘几岁了？’他就立刻躲到我的身后。如果一直这么害羞，上幼儿园以后，可能也无法回答老师的问题，让人非常担心”。

4岁以后，大部分孩子都不再怕生了，独立性也越来越强。如果孩子这时还无法流畅地说出自己的名字或年龄，父母就须要努力帮助孩子克服怕生的心理了。

怎样帮助孩子克服害羞

带孩子去人多的地方 经常带孩子去公园或商场这类人比较多的地方，让孩子慢慢地习惯这种环境。

经常和孩子聊天 父母要反省一下，自己是否每天只跟孩子说一些“该吃饭了”或者“快去洗手”之类的话，而忽略了与孩子的交流。应该多与孩子进行充满感情的、用心的交谈，比如“今天的天空有很多云彩”。

了解孩子的性格 如果孩子天生内向敏感，作为父母，一定要明确了解这一点，不要徒劳地想让这样的孩子变得活泼。

请和孩子一起这样玩

捏橡皮泥 用手随意抓捏橡皮泥，把它变成各种各样的形状，可以很好地缓解孩子的紧张情绪。另外，制作出自己

Tips 什么是游戏治疗

对于4岁的孩子来说，用语言表达出自己的想法和感受还有一定困难。心理治疗法通过游戏和行动这种属于他们的“语言”来解决孩子情绪、行为以及发育方面的各种问题。孩子是通过“游戏”来表达焦虑、攻击性、挫折感和内心的紧张等，而适当舒缓这些感受，就可以获得稳定的情绪、对压力的适应力以及安全感等。在神经科、儿童咨询中心、儿童发展中心、家庭研究所、社会福利院等地，孩子都可以接受这种游戏治疗。治疗时间是每周1～2次，每次1个小时左右，在孩子的治疗结束以后，治疗师还会与孩子的父母进行沟通，展开辅助治疗。

想要的形状，也会让孩子体会到成就感。

猜手游戏 先让孩子们随着音乐跳舞。然后妈妈关掉音乐，叫一个孩子过来，让他（她）闭上眼睛，其他孩子把手放到这个小朋友身上，这个小朋友要在闭着眼睛的情况下，猜出自己身上有几只手。

轮流进圈子 孩子手拉手围成一个圈，然后挑出一个小朋友，他（她）要进入朋友围成的圈子里。在进入的时候，不能用手，必须用身体挤进去，或是请求其他孩子让他（她）进入。所有小朋友要轮流进圈子。

角色扮演 角色扮演游戏有很多种，可以是医院的情景，也可以是厨房的情景。在这个游戏中，每个小朋友都要明确地知道自己所承担的责任，所以孩子玩这个游戏就不是单纯地活动身体，而要表现出所扮演人物的特点。这个游戏可以让孩子的性格变得活泼，而且会让孩子玩得很快乐。

专家建议 冷静会减少失误，而且有助于提高注意力。可以让孩子玩一些需要冷静地表达自己想法或感觉的游戏。另外还要创造机会，让孩子多接触其他同龄小朋友。如果能组织2～3个小朋友一起玩，就再好不过了。可以的话，孩子之间多进行一些有身体接触的活动，对孩子的发育会很有好处。

06 攻击性强的孩子，多进行运动类活动

所谓攻击性，指的是对他人或自己造成伤害的行为。打人、咬人、推人、扔东西、报复等，全都包含在其中。专家指出，孩子之所以会表现出攻击性，是为了把自己的意愿强加到别人身上。

“不管对方是大人还是小朋友，民俊只要稍不满意，就会随便扔东西。以前在家里，因为他还小，我只是告诉他不要这样。现在去了幼儿园，可能会成为大家都不喜欢的孩子，该如何纠正他的这种行为呢？”首先父母必须要认识到，4岁的孩子还无法熟练地用语言表达出自己的想法，所以才会出现这类攻击性的行为。韩国延世神经科医院附属小儿青少年神经科医院的孙硕汉医生认为，父母一定要仔细观察，孩子的攻击性是出现在游戏中，还是表现在语言或行动中。例如，如果孩子很喜欢拿着两个恐龙玩具，让它们互相咬，互相抓，就表明孩子的内心深处存在相当强的攻击性。如果在孩子3～6岁期间，没能很好地纠正这种攻击性倾向，那么这种倾向会持续到青少年时期，而且会产生更糟糕的影响。

孩子为什么会有攻击性

前后不一致的育儿态度 对孩子表现出来的攻击性，如果父母有时视而不见，有时又作出强烈反应，那么只会让孩子的攻击性越来越强。

过分学习的教育方法 4岁的孩子需要玩耍的充足时间和广阔空间，而现在很多4岁的孩子被要求完成大量的学习任务。如果孩子突然表现出暴力倾向，父母要认真思考，是否因为过重的学习负担，让孩子感到了难以承受的压力。

父母的过度保护 父母为孩子承担所有的事情，也可能会让孩子产生一定的攻击性。如果4岁的孩子开始表现出攻击性，父母必须要果断地采取措施。

经常处于暴力环境中 仔细观察孩子身边的环境是否存在着暴力因素，包括父母对孩子的影响。例如父母是否经常对孩子进行不当的体罚，孩子是否经常从电视中观看到暴力画面，或者缺少活动空间，孩子的精力无处宣泄。

疾病的影响 一些小儿疾病也会让孩子产生攻击性。智障会降低孩子的智能水平，这样的孩子对周围环境的判断和理解能力不足，很容易出现攻击性行为。这类孩子经常会误以为其他孩子的某些行为和意图是要伤害自己，从而做出攻击性行为。存在注意力缺失/多动症的孩子，也会表现出一

Tips 不要让孩子玩带有攻击性的玩具和看有暴力画面的动画片

正浩和正勋是一对双胞胎，他们已经换过三个幼儿园了。主要的原因就是他们总是打别的小朋友，而且经常两个人联合起来欺负别的孩子。开始的时候，妈妈崔希拉还对幼儿园老师有些不满，认为对不到4岁的孩子用“暴力”这个词很过分。但是在认真观察自己的孩子以后，她便发现了问题。两个孩子从幼儿园回到家，都会看一个多小时的电视节目，这些节目都是充满打斗场面的动画片。看完动画片，他们就拿着玩具刀枪，互相追打。为此崔希拉经常大声呵斥，甚至是体罚孩子，但并没有什么效果。后来，崔希拉拿走了那些带有暴力性的玩具，也不再让孩子看那类动画片。只要有时间，就带他们去附近的公园玩。周末的时候，妈妈就带他们去郊外爬山。现在，孩子已经逐渐学会“不再用手说话了”。

定的攻击性，甚至经常会伤害到其他孩子。当孩子存在语言障碍的时候，也可能会因为表达能力不够而在某些时候做出攻击性行为。

改善孩子的攻击性，请和孩子一起玩

玩沙子 沙子没有固定的形态，可以在手里随意变化。因此，这种游戏没有限制，也没有竞争性。这种游戏可以帮助那些经常感到要求得不到满足的孩子，将内心的情感宣泄出来。

敲打瓶子 给孩子一些便于拿在手里的塑料瓶，让他（她）任意敲打，并且发出声音。这样做可以有效地缓解孩子愤怒的情绪。

睡前与孩子聊天 睡觉之前，父母和孩子聊一聊当天的生活。首先，让孩子说说今天发生了哪些高兴的事和不高兴的事，以及当时的心情。特别是那些令人愉快的事，可以让孩子描述得详细一些。

撕报纸 和孩子面对面坐在一起撕报纸。告诉孩子想怎么撕就怎么撕，还可以跟他（她）说，“想撕成长条的？”或者“让我们再撕得碎一些吧。”以此来诱发孩子的兴趣。报纸都撕完以后，可以把碎片抓起来扔向空中，再看着碎片纷纷扬扬地落下来，还可以放点音乐，在散落的报纸中跳舞。游戏结束以后，和孩子一起把报纸扫起来，扔进垃圾桶。通过这个游戏，不仅能够分散孩子攻击性的要求，还可以帮孩子调节情绪，让孩子学习遵守规则的方法。

专家建议 对于有攻击性的孩子，最好的方法就是帮助他（她）把这种情绪宣泄出来。如果强行压制或是掩盖，反而会使这种攻击性变得更强。先帮助孩子充分表达他（她）的心情和情绪之后，再教他（她）如何调节情绪，以及遵守规则的方法。

07 只有在熟悉的环境中，才能离开父母

“秀真上幼儿园已经有一段时间了，可是每天早上还是会问妈妈，‘今天不去不行吗？’有时候她早上还会肚子疼，甚至呕吐。还不光是这些，就算是在每天都去的小公园，她也要确认妈妈就在旁边，才肯放心去玩。”秀真的这种情况就属于分离焦虑症。也就是说，秀真会对离开家或妈妈感到紧张焦虑。存在分离焦虑症的孩子，很难与妈妈分开。除了家以外的地方，包括幼儿园在内，都很难让这类孩子一个人去，或是把他（她）一个人留在那里。如果真的留下他（她）一个人，这类孩子可能一天都会处在焦虑的情绪中，一直在想妈妈去了哪里，在干什么。有时孩子甚至还会出现紧张和担心的情绪，害怕妈妈遇到事故，或是再也见不到了。

这类孩子非常不喜欢离开熟悉的环境，所以带他（她）去朋友家或亲戚家做客，去幼儿园或是去露营，都会很困难。如果强迫他（她），除了强烈地反抗，这类孩子甚至还会出现呕吐、头痛、腹痛等身体症状。

专家指出，4岁孩子出现一定程度的分离焦虑，是很自然的。不过，如果情况比较严重，甚至引发身体的不适，就需要做检查了。

Tips 增加与孩子在一起的时间

每天早晨，民宇都会耍赖，不想去幼儿园。但是，妈妈徐京真要上班，所以每天都是直接把泪眼蒙眬的孩子塞进班车里。在民宇还不到百天的时候，妈妈就把他送进可以接收小宝宝的幼儿园。民宇2岁之前还没有什么特别表现，可从4岁开始，民宇越来越不喜欢去幼儿园了。而且，民宇总是要求和妈妈待在一起，甚至在家里上厕所的时候，也要妈妈陪他去。发现民宇对自己的过度依恋以后，徐京真来到了咨询中心。专家诊断民宇存在一定的分离焦虑症，可能是因为他在3岁之前没能与妈妈形成稳定的亲密关系。于是徐京真打算申请3个月的假期，然后把时间全部交给孩子，把之前漏掉的那一课补上。

分离焦虑症的自检

在下面条目中，如果孩子符合3项以上，且存在焦虑的时间至少在4周以上，则可以诊断为分离焦虑症。

□离开家，与依恋对象分离，以及预感到要分离的时

候，会出现严重的焦虑情绪。

□经常担心依恋对象消失不见，或是担心发生依恋对象被伤害的事情。

□经常产生一些不正常的想法，例如突然发生意外，与依恋对象分离等。

□因为分离会产生焦虑，所以不喜欢甚至拒绝去学校（幼儿园）或其他地方。

□独处或依恋对象不在身边时，会感到非常害怕。

□当依恋对象不在身边时，甚至不肯睡觉。

□经常做与依恋对象分离的噩梦。

□当预料到要与依恋对象分离的时候，会频繁出现一些身体不适的症状。

怎样解决分离焦虑症

不要刺激孩子的不安情绪　“隔壁的小朋友就不这样，你为什么总是离不开妈妈？”不要把自己的孩子与其他孩子比较，或是责怪他（她）。

找出让孩子焦虑的原因　检查一下，在孩子3岁之前，是否已经与他（她）建立起了稳定的亲密关系。如果在那个时期忽视了孩子的感受，那么即便孩子已经比较大了，也还是要努力与他（她）达成这种关系。

不要说一些你认为无所谓的话吓唬孩子　“妖怪来了”或者“你要是再不听话，我就把你扔到桥底下去”，不要用这些话来加重孩子的焦虑情绪。

不要让孩子看到一个焦虑的妈妈　不要让孩子感觉妈妈每天都是在紧张焦虑的情绪中照顾自己的。在孩子面前表现得开朗自信，对于孩子来说，是非常重要的。

让孩子可以猜测出妈妈的行为　让孩子可以猜测出，妈妈一会儿要带他（她）去幼儿园。包括妈妈的感情，也应该可以让孩子预料得到。

08

因为胆小而不能独处

孩子胆子特别小，大多数都不是天生的，而是由于父母不同的养育理念造成的。有些家庭只有一个孩子，父母对孩子照顾得特别小心。孩子大部分时间都是与父母在一起，在家里经常听到大人说“不行”或“这个不能动”，特别对于那些内向的孩子，如果经常让他（她）对某个特定的东西感到恐惧，很容易使其形成特别胆小的性格。4岁以后，该去儿童之家或幼儿园的时候，那些胆小的孩子对于要进入一个陌生环境会感到非常紧张。平时的恐惧，也有一部分来自于疼痛的感觉。4岁以后，孩子对于身体伤害已经有了明确的认识，所以很多以前敢做的事情，现在做之前却变得犹豫起来了。另一方面，孩子有时会因为自己的想象而感到害怕。比如有怪物藏在床底下，或者做了坏事，怪物就会来把他（她）抓走或吃掉等。要想减少孩子的恐惧，妈妈首先要改变自己。一些话语和唠叨只会打击孩子的好奇心，并带来负面作用。父母也不要表现出慌张的样子。恐惧是一种感觉，所以必须消除存在于孩子内心的恐惧根源。如果孩子怕狗，可以先给他（她）一个玩具小狗，让孩子知道狗其实并不可怕。另外，当孩子感到害怕的时候，不要再继续吓唬或是指责孩子，这样做，只会让孩子变得越来越小心翼翼，也越来越胆小。

请和孩子一起这样玩

让孩子叫出害怕的东西的名字 让孩子把他（她）害怕的东西具体地描述出来，然后给这种东西取个有趣又可爱的名字。当用语言把害怕的东西说出来以后，那种不知从哪里来的恐惧就会慢慢消失。

激发勇气的游戏 把孩子害怕的东西画在纸上。在画的过程中，孩子可以尽情喊叫，或者吓唬它。然后把图画拴在气球上，让它随着气球飞向高高的天空。

培养责任感的游戏 2～4个孩子排成一队，第一个孩子后的人依次用双手抓住前面人的肩膀。除了站在最前面的孩子，其他人都闭上眼睛。然后由最前面的孩子带领着大家向前走。

玩水 父母可以和孩子一起玩水，在水中让孩子的身心完全放松下来。这样可以很自然地缓解孩子的情绪，比强迫孩子做一些运动效果更好。

专家建议 对于胆小的孩子，最好能鼓励孩子多进行一些可以激发勇气的游戏。要让他（她）尽量独立玩耍，而不是总担心妈妈离开。另外，如果孩子有一些害怕的东西，妈妈要和孩子一起去克服这种恐惧。可以通过一些游戏活动，让孩子很自然地表达出自己的情绪，战胜恐惧。

韩国女画家申师任堂的教导，带给儿子珍贵的亲情

家里有两个以上孩子的妈妈，每天可能都是在孩子们的互相打闹声中度过的，而且常常被弄得精疲力竭。申师任堂教导她的7名子女，友爱是最重要的。下面是申师任堂讲给孩子们的一个古老故事，主题当然就是友爱。

“从前有两兄弟，每天都一起去田里干活。到了秋收的时候，两兄弟彼此都在为对方担心，哥哥想，‘弟弟刚成亲，过得比我困难’，而弟弟想，‘我家里人口少，可哥哥孩子多，生活一定比我苦’。于是夜里，兄弟俩悄悄把自己收的粮食送到了对方的粮仓里。过了几天，兄弟俩发现自己的粮食并没有减少，都觉得很奇怪。有一天夜里，两个人在互相送粮食的时候碰到了一起，他们终于明白是怎么回事。两个人紧紧抱在一起，大哭起来。”申师任堂的7名子女就是听着这样的故事长大的，他们亲密无间的感情，在日后也被传为佳话。后来，申师任堂的儿子李珥留下了这样的名言：“兄弟姊妹都是父母的一部分，你与我并没有区别，应该感受共同的喜怒哀乐”。

现代社会中的很多问题，源头都在于家庭教育。兄弟姊妹之间的友爱关系，与社会生活中同他人的和谐关系是共通的。作为父母，对待所有的子女要平等，不要去做无谓的比较，要帮助孩子们建立亲密无间的关系。

译注：申师任堂是一名女画家，以她的美德、聪慧以及在书法、绘画和诗歌上的杰出造诣成为韩国女性的典范。

Part

02

让孩子聪明又讲理

对孩子逐步展开的教育

09

依然还是贪玩的时候

为了让孩子更加聪明，是应该教孩子“ABC”，还是应该送孩子去早教机构？当然，4岁已经是可以开始学习的时期了，不过，对孩子来说还有一件事更重要，那就是尽情地蹦跳与玩耍。因为在这个时期，身体比头脑更加重要。在浴室里，让孩子尽情地玩水，直到把全身弄得湿淋淋；给孩子一块面团，让他（她）捏出任何形状；在公园里，孩子玩到浑身都是沙土；冬天，让孩子在纷飞的雪花中自由奔跑；夏天，教孩子把西瓜子吐得老远……或许有人要问，每天都在玩，什么时候学习呢？答案是，一边玩一边学。可以让孩子一边洗澡，一边认识字卡；可以给孩子颜料，让他（她）在浴室的墙上任意涂鸦。房间里的墙壁和地板，会因为涂抹变得很脏，而在浴室里妈妈则不必有这种担心。父母还可以让孩子在浴缸里观察颜色的变化。先倒进一些蓝色颜料，再倒进一些黄色颜料，让孩子看着两种颜色慢慢融合到一起，变成绿色。在孩子眼里，这是多么神奇的变化啊。可见，科学实验是无处不在的。孩子就在这样的玩耍中快乐地长大了，身体越来越健壮，头脑也越来越聪明。

4岁的小厨师——培养孩子的想象力和自信心

10

Tips 怎样让做饭变得更有趣

通过新鲜的体验，促进孩子的感官发育 长条带刺的黄瓜、表皮光滑的洋葱、又红又辣的辣椒等，区分这些蔬菜的过程，可以让孩子感受到视觉与触觉的多重刺激。品尝食物的时候，还可以接受甜、咸、辣、酸等味觉刺激。

有助大脑发育的手指活动 剥鸡蛋壳、切菜、和面等活动，可以让孩子的手部能力得到极大提高。在这个过程中，不仅能够训练孩子手和眼的协调能力，对大脑发育也很有帮助。

提高孩子的成就感和自信心 在制作食物的过程中，孩子能体会到一定的成就感。而这种成就感可以让孩子更自信。

培养孩子的探索精神 做饭其实也是应用科学的一个过程，孩子可以从中学到丰富的知识，例如农作物是如何生长的，它们的哪些部分可以作为食物，蔬菜经过盐腌以后会出现什么变化等。

我是快乐的小厨师

提前做好充分的准备 在准备的时候，妈妈要考虑到原料的生物特点，原料在整个加工过程中发生的变化，以及期间应用到的数学概念和原理等。另外，妈妈还要提前考虑孩子会问怎样的问题，以及自己要怎样回答。做好充分的准备，才能获得最大的教育效果。

购买的原料要尽量天然 在购买鱼、肉、蔬菜等原料的时候，妈妈要教导孩子尽量选择天然状态的，而不要那种经过加工的。因为在加工过程中，原料的大小、重量、形态、颜色等都会发生变化。

给孩子准备好合适的烹饪工具 孩子使用的工具，必须要保证安全性，大小也要适合孩子拿或握。与金属这种热传导率高的材质相比，木质或纸质的工具更加安全。如果工具的形状比较可爱，能增加孩子的兴趣，让烹饪的整个过程进行的更加顺利。

让孩子自己切菜 因为孩子的手部力量不够，所以切菜的动作会比较慢，而且不稳。但是切菜是孩子最喜欢的一个工作过程，所以可以给孩子一把面包刀或是儿童专用刀，让孩子自己去操作。另外，放调料及翻炒等过程，也要尽量让孩子独立完成，这样才能充分刺激孩子的感官，达到促进发育的目的。

制作一本“烹饪书” 对于小厨师的活动，妈妈可以制订一个周期表，每周一次，或是每个月一次。父母可以用相机记录下孩子的整个“烹饪”过程，再配上一些图画或文字，帮孩子制作一本属于自己的“烹饪书”。

实战指南

香蕉船

[原料准备] 香蕉、玉米片、可食用的装饰物。

[和妈妈一起做] ①剥掉香蕉皮。②将整根香蕉进行等分（适宜孩子入口的大小即可），让孩子数一数分得的块数。③将可食用的装饰物插在香蕉上。④将玉米片弄碎，均匀地洒在香蕉上。⑤将香蕉放进冰箱的冷冻室冷冻片刻，香蕉船就制作好了。

[教育效果] ①可以让孩子感受到香蕉的颜色、香味、质感，培养孩子的观察能力和探索能力。另外，还可以让孩子直接判断出冰箱冷冻室和室内的温度差异，让孩子了解到，在零度以下的温度中水会冻结的原理，以及数的概念等。②让孩子给味道和形态都发生了变化的香蕉起名字，可能就会出现“香蕉派”或“点心冰”等名词，从而增加了孩子的词汇量，提高了孩子的创造性。

水果捞

[原料准备] 猕猴桃、桃子、西瓜、甜瓜等各种水果，果汁、造型模具、大碗、小碗、勺子。

[和妈妈一起做] ①把各种水果洗干净。②将水果去皮。③将水果切好，或是用模具制作成各种形状。④将水果放在大碗里。⑤倒入果汁，拌匀。⑥把拌好的水果倒入一个小碗中，用勺子舀着吃。

[教育效果] ①可以列一个简单的表格，让孩子观察水果的外部、内部以及表皮和里面的核，并用简单的图画或文字记录下来，进行比较。②品尝各种水果的味道，可以训练孩子的味觉。另外，把含液体的东西从一个容器转移到另一个容器的过程中，要努力不让东西洒出来。这个过程也可以提高孩子的责任感和注意力。

11 4岁的孩子都喜欢舞蹈

4岁的孩子可以通过各种身体活动，让体质更加健康，并以此促进智能发育。舞蹈可以提高孩子的创造力和解决问题的能力，对促进健康和智能两方面都能发挥重要的作用。

跟着音乐翩翩起舞

头脑更聪明　幼儿时期的身体活动，与孩子的智能发育有着密切的关系。多种多样的身体活动，可以对身体的各个部分产生适当刺激，从而促进其发育。理论上说，身体发育落后的孩子，在智能发育方面也同样落后。

身心发育更健康　4岁正是自我观念最旺盛的时期。要想让孩子产生“我很棒”的想法，就要让他（她）充分感受到成就感。在活动身体的过程中，孩子会产生“我什么都可以做”的感觉，这种感觉会促使孩子树立强烈的自信心。另外，通过活动身体，孩子还可以很自然地宣泄悲伤、愤怒等负面情绪，对于稳定孩子的情绪也很有好处。

提高创造力和解决问题的能力　在身体活动中，没有标准答案和确定的规矩。父母可以告诉孩子一个主题，然后让孩子自己发挥。孩子尽力了，就是唯一正确的答案。通过这个过程，可以很好地提高孩子的创造力和解决问题的能力。

预防小儿肥胖 舞蹈可以使身体一直处于活动状态，而舞蹈本身又充满了乐趣，因此舞蹈是最有效的预防肥胖的手段。

让舞蹈更有趣

妈妈提前准备 如果妈妈想让孩子通过舞蹈表现什么，首先必须先把相关的概念教给孩子。例如，玩“越来越大和越来越小”的时候，首先妈妈要告诉孩子“大”和“小”的概念，孩子才能正确地表现主题。

给孩子确定一个要表达的主题 舞蹈并不是单纯的身体活动，最好让孩子用身体去表现一个特定的主题。可以通过这样的过程，提高孩子的应用能力、听力和表现能力，让孩子学到数和图形的概念。

和妈妈一起跳 跳舞的时候，可以是孩子一个人，也可以妈妈陪他（她）一起跳。开始的时候，孩子可能会觉得有点别扭，但是如果妈妈能和他（她）一起跳，慢慢地，孩子就会更加熟练地表达一个主题。妈妈的参与，可以让孩子的表现力更加丰富。

游戏：越来越大和越来越小

玩法 妈妈首先告诉孩子“大”和“小”的概念，然后再教孩子把这个概念融入身体动作中。可以用手掌的变化，让孩子了解“大”和“小”的区别，然后通过身体表现大球和小球。让孩子听打鼓的声音，从小变大，并让他（她）用身体表现出这个过程。声音小的时候，让孩子把身体缩成一团，当声音变大的时候，告诉孩子打开身体，伸展四肢。

教育效果 ①对于“大”和“小”的概念，孩子通常都是通过文字或图片学到的，但是这种方法非常抽象，孩子很难理解。而同时让他（她）看到一大一小两件东西，再去理解两者的差异，同时用身体去表现大和小的物体，孩子会更轻松地理解“大”和“小”的概念，而且用身体表现大小的趣味性会加深孩子的印象。②配合音乐，让孩子用身体表现出自己的感觉，是“芭蕾”的基本原理。一边听着声音，一边用身体表现出听不到的声音，是艺术教育的基础。

游戏：我是一朵花

玩法 妈妈和孩子一起讨论花朵盛开和凋谢的样子。通过图片，给孩子讲解一粒种子从发芽到长出叶子，然后开花，再到花朵凋谢的过程。妈妈可以按照把种子埋进土里—幼苗破土而出—花蕾含苞待放的顺序，把这个过程分成不同的阶段，详细地告诉孩子一朵花的变化过程，让孩子充分想象这种变化。妈妈可以让孩子尝试用身体表现种子在土里的样子，以及发芽时的样子等。在这个过程中，可以播放一些安静的音乐，让孩子用身体表现一颗种子从发芽到花朵凋谢的整个过程。

教育效果 ①引导孩子想象自己就是一朵花。在孩子用身体表现从种子变成花的过程中，孩子会感觉到自己真的变成了一朵花。如果再配合适当的背景音乐，可以很好地激发孩子的想象力。②在用身体表现播种以及种子发芽等形态的过程中，孩子能从中掌握很多知识。例如不同的季节、花朵的生长状态等。

应用 妈妈是大地，孩子是花朵，可以让孩子独立去表现花的一生，妈妈也参与进来，这样会更加有趣。当然，如果全家人都能参与，那就更好了。妈妈躺在地上，扮演大地，而孩子蜷缩在妈妈身边，扮演一粒种子。孩子的手在妈妈的四肢间穿梭，表现种子发芽的样子。开枝散叶的时候，可以由一个人来扮演阳光或风，一个人扮演蝴蝶。参与的人越多，越能很好地表现出花的一生，也会让整个过程充满趣味。孩子还能从中体会到合作的重要性。

12 让孩子对文字产生兴趣

大部分孩子，会在3～4岁的时候对文字表现出一定的兴趣。如果到了4岁，孩子依然对文字没有任何感觉，妈妈就要采取一些积极的行动了。

文字教育的最佳时期，就是孩子对文字表现出兴趣的时候。如果妈妈从孩子小时候就一直坚持给他（她）读故事书，即便没有单独进行过文字教育，孩子在4岁之前就会对文字产生兴趣。很多专家都认为，如果到了4岁，孩子依然对文字没有感觉的话，就属于在这方面发育较晚的情况。这时父母应反省一下，是否在日常生活中，没有给孩子创造更多接触文字的机会。

4岁的孩子，大部分都喜欢图画书，喜欢说话。所以可以跟他（她）玩一些语言游戏，以此来激发孩子对文字的兴趣。另外，4岁也是想象力发育的时期，科幻类的童话书也是不错的选择。在正式开始文字教育之前，最好能配合这个发育过程，先多给孩子读故事书，多和孩子说话，引导孩子对文字产生兴趣。不过在孩子学习文字的过程中，一定要避免拔苗助长的教育方法。如果孩子的发育还没有达到一定的程度，就强迫他（她）去学习，反而会让他（她）对文字失去兴趣，从而带来负面效果。

Tips 父母的贪心，只会让孩子感到痛苦

明浩现在上小学二年级，从孩子很小的时候开始，妈妈金明淑就对他寄予了厚望。所以妈妈很早就开始教明浩很多东西，除了认字，还送他去上各种文化中心的幼儿学习班。可是明浩的表现总让人不满意。或许是因为开始学得太早了，孩子对于文字并没有建立良好的认识，反而一听到让他学习，就会表现出强烈的反抗情绪。明浩上幼儿园以后，经过与老师的沟通，妈妈决定停止孩子所有强迫性的学习。就这样过了一个月，明浩开始和其他孩子一样，喜欢从故事书或者报纸上找字。这种没有任何压力的学习，反而让明浩对文字产生了好奇和兴趣，没过多久，他就认识了很多字。

引导孩子对文字产生兴趣

妈妈利用童话书，可以很好地激发孩子对文字的兴趣。开始的时候，不必一字一句完全按照书上写的来读，最好是只讲出故事的梗概，让孩子独立理解。一定要明确地认识到，反复阅读是为了让孩子感到更有趣。另外，还可以利用

Tips 通过游戏，让孩子喜欢文字

明秀4岁之前，妈妈玄智英就经常带他去书店看书，或是买一些识字卡片和儿歌的唱片放给他听，引导他学习文字。这样一直坚持到4岁，明秀已经对文字有了浓厚的兴趣。现在总是不分时间地要求妈妈给他读书，可妈妈无法每次都满足他的要求，于是就找了一些幼儿文字学习的网站，那里提供了很多故事和文字游戏。但是一般都要求有一定的文字基础，不过明秀自己玩了几个月以后，竟然已经能认识很多字了。现在，明秀的兴趣已经转移到数字游戏和恐龙探险游戏方面了。

日常生活中看到的招牌、广告、孩子喜欢的零食包装袋帮孩子进行认字练习，妈妈先读出上面的文字，帮助孩子把文字的内容与生活联系起来，也能增加孩子对文字的兴趣。如果孩子觉得，“啊，要是我能认识这些字该多好”，妈妈就成功了。

最初读故事书的时候，一般以图片为主，而下一个阶段，就是按照文字准确阅读。妈妈和孩子一起，逐步加深对文字的记忆。可能的话，妈妈可以一个字一个字地指着读给孩子，让孩子把全部精神都集中在文字上面。这时候，孩子经常会在读的过程中提出问题，对于孩子的问题，妈妈一定要通过适当的文字来回答。如果孩子问，“妈妈，那个小孩为什么哭？”妈妈就可以指着书里的文字说，“小希为什么哭呢？”然后再找相应的句子来回答孩子。反复这样的过程，孩子就会对文字越来越感兴趣。

当孩子对文字已经具备了一定兴趣以后，妈妈就可以结合文字和音节的个数，对孩子进行训练了。例如妈妈可以告诉孩子，“蝴蝶”这个词是由“蝴”和“蝶”两个字组成，并且各自的发音都不同。“自行车”是由“自”“行”“车”三个字组成。妈妈可以反复对孩子说类似的内容，当然要选择孩子感兴趣的一些单词。如果孩子喜欢吃拇指饼，就可以把包装袋上的名字剪下来，逐个让孩子看，然后让他（她）到其他地方去找相同的字。这些方法可以不断刺激孩子对文字的好奇。

识字卡也是很多妈妈都喜欢采用的工具。可以把识字卡粘在相应的物品上，经常让孩子看。开始的时候，可以通过指点，让孩子熟悉，不必强迫孩子照着念。这样做，孩子会很乐意回答妈妈提出的关于文字的问题。妈妈可以采取游戏的方式，例如可以问孩子，“让我们找找还有哪个字和它长得一样？”然后和孩子一起找，孩子找对的话，还可以给

他（她）一些奖励。在这个时期，最重要的不是让孩子多认识字，而是让他（她）对文字产生兴趣，并且让他（她）明白，掌握了文字以后，可以进入一个更广阔而有趣的世界。

当孩子想要写字的时候

4岁是孩子对文字产生兴趣的时期，发育快的孩子，已经开始有了书写的愿望。但是就算孩子表现出兴趣，在让他（她）写字之前，要检查孩子是否已经具备了握笔能力。所谓握笔能力，指的是孩子拿着笔写字的力量。这个阶段，很多孩子吃东西的时候都会用勺子来代替筷子，虽然已经4岁，但手部力量不足的情况还是比较常见的。如果孩子手部力量不足，也就不具备足够的握笔能力，在写字的时候会遇到很多困难，导致在以后手部力量足够握笔的时候，孩子依然对写字有抵触情绪。因此，在让孩子写字之前，妈妈必须检查孩子的握笔能力。可以让他（她）用蜡笔勾画图形或是涂颜色，如果他（她）还不能顺利完成，就说明孩子的握笔能力还不够。如果孩子已经可以用笔画出人的样子，或是画出自己想要表达的内容，表示孩子已经具备了充分的握笔能力，那么就可以让孩子向写字发起挑战了。

如果孩子的手部力量不足，可以多让他（她）捏橡皮泥，或者折纸。在玩面团或是橡皮泥的时候，需要利用手部的力量，这样可以促进手部肌肉的发育。玩橡皮泥的时候，妈妈可以用橡皮泥捏成简单的文字，然后教孩子念。这样可以一举两得，既能锻炼孩子的手部力量，又让孩子熟悉了文字。

Tips 一边玩，一边提高孩子对文字的兴趣

一直到4岁，正民都没有对文字表现出任何特别的喜好。因为妈妈赵希淑每天都要上班，也没有时间经常陪他看书。可是身边的人都说，4岁还不认字，就表示孩子有问题了。所以妈妈现在只要一有时间，就会给正民读书。开始的时候，正民根本不喜欢听，不过，坚持了一个月以后，他已经变得很喜欢听了，而且每次都很专注。除了读故事，妈妈还教正民很多物品的名字，或者和他玩找字的游戏，创造各种机会，让他多接触文字。看正民有了兴趣以后，妈妈又准备了识字卡片还有一些贴纸，进一步增加正民学习的机会，现在他已经有了很大的进步。

13

睡觉之前的读书时间

据调查，英国孩子有90%是听着睡前故事进入梦乡的。一家调查机构还得出过这样的结论，睡前为孩子阅读故事，会让孩子做一个好梦，对孩子的文字学习和语言发育也都有极好的效果。可见，睡觉之前的这段读书时间多么重要。专家也建议，从孩子6个月开始，至少到10岁之前，在睡觉前，父母应该坚持给孩子读故事。

睡前读书的技巧

坚持每天读书 如果孩子还没有养成睡前读书的习惯，那么就从现在开始帮孩子改变吧。哪怕每天只读一小段也没关系，但一定要坚持，不要因为妈妈的心情或实际情况的变化打乱这个读书计划。否则，可能带来负面的效果。

使用间接照明 睡前读书是为了让孩子安稳入睡，如果灯光过度明亮，就会影响孩子的睡眠。如果光源来自下方，并且光线柔和，孩子会很容易融入到故事的气氛中。

确定书籍种类和数量 有时孩子会抱来一大堆书让妈妈讲，这让妈妈感到很为难。在睡前这段时间，不宜读太多的书，更重要的是通过阅读营造一种祥和的气氛。所以妈妈可以预先和孩子约定好每天只读两三本书，但是读什么，可以让孩子自主选择。

结合身体接触和眼神交流 读书的时候，可以不时摸摸

Tips 准备一盏床头灯

如果想把孩子培养成爱读书的人，那么就在孩子的卧室准备一盏床头灯吧。“如果你愿意，每天可以把它打开15分钟，看会儿书；如果你不愿意，不打开它也没有关系。”如果妈妈这样说，大部分的孩子都会回答要在床上看书。床头灯会成为一个小小的诱惑，增加孩子与书的接触机会。

孩子的头，拉着他（她）的手，也可以摩挲他（她）的肚子和后背。妈妈不要一直把视线放在书页上，而应该偶尔注视一下孩子的眼睛。这种身体的接触和眼神的交流，是妈妈与孩子之间情感沟通的重要手段。而且，妈妈温柔的抚摸，可以帮助孩子更快地进入甜美梦乡。

多读一些幸福美好的故事 睡觉之前，妈妈最好不要给孩子讲有鬼神出现，或是坏人做了坏事受惩罚的故事。最好选择那些主人公是可爱的小动物，大家和睦相处，度过美好时光的故事。有些孩子非常喜欢看书听故事，会不断地要求妈妈一直讲下去，如果睡前故事时间超过1个小时，就会妨碍到孩子正常的睡眠了，妈妈也会感到很疲劳。所以妈妈最好把睡前读书的时间控制在30分钟以内，也要让孩子接受这样的时间安排。

睡前读书，可以这样做

标记出重点内容 怀孕的时候，我没有进行什么特别的胎教，只是读了很多的书。或许是因为这个原因，我的孩子从新生儿时期开始，就对书籍表现出了强烈的兴趣。特别是睡觉的时候，不给孩子读书，他几乎无法入睡。虽然很多内容孩子可能还听不懂，但依然会缠着我念给他听。有些故事很长，为了保持连续性，我经常会把重点部分标注出来，只把这些读给孩子听。孩子2岁的时候，虽然并没有刻意地教他认过字，但看电视的时候，他已经可以读出简单的字幕了。

朴美淑　世灿的妈妈

注重情感交流 因为我要上班，不能整天陪着孩子，所以对他一直心存歉意。正是因为这个原因，每天无论多忙，我都会在睡前给他讲故事。在孩子认字之前，看的图画书比较多，他还会根据图片自己编故事，这样培养了孩子的想象力。虽然每天只有30分钟，但是孩子会觉得，在这段时间里，妈妈是完全属于自己的。给孩子读书固然也很重要，但我觉得，对于职场妈妈来说，更大的收获是，通过读书，与孩子进行情感的交流。

余恩珠　原希的妈妈

图书研究专家黄京淑推荐

14 4岁孩子应该阅读的20本书

4岁是孩子接受信息效果最好的一个时期，所看到的东西，孩子几乎能够全部记住。在这个时期，父母可以多给孩子读书，甚至可以让他（她）接触一些知识类的书籍。这段时间也是孩子身体能力增强，热衷户外运动的时候。父母一定要合理分配好时间，帮助孩子把运动与读书有机地结合起来。当然，有些时候两者是无法调和的，因此也要趁机让孩子学会等待和妥协。

《冒失鬼的正确生活》 这是一本生活类的图画书，可以帮助孩子纠正贪玩的习惯。这本书通过一些生动的图画，让孩子了解哪些习惯是正确的。（宝林出版社，韩国）

《虫牙小妖怪》 这本书的阅读对象是那些正在长牙的孩子。拟人化的虫牙，很容易让孩子产生共鸣，可以让孩子明白，只有乳牙健康，才能保证以后的恒牙健康。（玄岩出版社，韩国）

《小露的第一个任务》 这本书的内容是讲4岁孩子怎样帮妈妈做事。读完这本书以后，可以让孩子独自去附近的商店买东西，这样有助于增强孩子的自信，并让孩子因此感到很自豪。（翰林出版社，韩国）

《提奇》 本书适合兄弟之间共同阅读，尤其适合弟弟。提奇种下了一粒种子，然后看着发出的小苗慢慢长大。这个故事让孩子从中懂得了即使年龄小，也可以做很多事情的道理。（时空出版社，韩国）

《离家的日子》 淘气的小猪离开家，去了其他小动物家，但最后小猪还是选择了回家，并且明白了自己的家才是最温暖的。这个故事可以让孩子了解到，每个家庭都是不同的。（永进出版社，韩国）

《请把尾巴还给我》 故事内容简单，便于孩子理解。遵循故事情节，孩子可以很轻松地掌握故事结构。（时空出版社，韩国）

《妈妈，请跟我说话》 该书配有原声磁带，妈妈可以随时播放给孩子听。4岁及4岁以上的孩子会特别喜欢。（宝林出版社，韩国）

《大家一起数》 这本书指导孩子从一些又小又复杂的图片中找出指定的东西。本书不是让孩子把“数”理解成“数字”，而是理解为“量的概念”。（Marubol出版社，韩国）

《洗掉小鬼的妈妈》 这是一本会给孩子带来笑声的书。通过调皮的妈妈和小鬼的故事，可以培养孩子的幽默感，并且帮孩子舒缓压力。（翰林出版社，韩国）

《风停的时候》 4岁的孩子已经会对各种自然现象产生兴趣了，而这本书则带给孩子思考的机会。优美的语言也会让孩子感受到心灵的平静。（草绿出版社，韩国）

《啊呀呀，奶奶的耳朵变大了》 习惯了独门独户生活的孩子，很需要这样一本书。它可以让孩子明白邻居的意义。（飞龙沼出版社，韩国）

《和爸爸一起做比萨》 当想做一件事而做不了时，孩子一定会心情沮丧，这时候，父母可以读这本书给孩子听。通过读本书，父母可以激发孩子的幽默感，安慰孩子失望的心情。（宝林出版社，韩国）

《胖大婶的花园》 从4岁开始，孩子的信息接受能力大幅度提高，适合阅读一些知识类的书籍。这本书采用故事的形式，且包含丰富的知识。（大麦出版社，韩国）

《我是女孩，我的弟弟是男孩》 让孩子了解男女之间的差异，以及男女的基本职责。这是一本性教育的基础书。（飞龙沼出版社，韩国）

《拉奇和狮子》 这本书可以帮助孩子克服胆小的毛病，帮助孩子通过想象的动物，找到自信和勇气。（时空出版社，韩国）

《无论怎样，妈妈都爱你》 书中色彩鲜艳的图画和轻松的语言，可以给父母和孩子带来轻松的感觉。故事结尾部分可以让孩子感受到妈妈深深的爱。（中央出版社，韩国）

《巴巴爸爸》 内容非常契合4岁孩子的特点。虽然故事很简单，但充满趣味性，可以丰富孩子的想象力。（时空出版社，韩国）

《我绝对不吃西红柿》 这本书有助于纠正孩子偏食的习惯。书中包含大量有趣的词汇，可以激发孩子的想象力。语言简单轻松，非常适合4岁孩子阅读。（国民书馆，韩国）

《彩虹鱼》 这本书可以帮助那些以自我为中心的孩子学会如何与他人相处。书中使用了丰富的颜色，很容易吸引孩子的注意力。（时空出版社，韩国）

《拿棒子的小鬼1、2》 4岁的孩子已经可以开始阅读一些传统民间故事了。可能的话，多让孩子接触一些传统艺术。（宝林出版社，韩国）

15

学数学的孩子能更快地掌握文字

4岁以后，孩子开始喜欢玩比较的游戏。所以，4岁是最适合开展数学教育的时期。

4岁之前的孩子，更多的还是喜欢模仿。孩子到了4岁以后，随着各种感觉的增强，已经可以正式进入数学的领域了，他们逐渐对比较两个事物，或是比较数量的活动发生了兴趣。这个时期，妈妈可以通过让孩子比较事物之间的共同点和不同点，来培养孩子的数学思维能力。在向孩子灌输数学概念的时候，不必对数字本身进行说明，最好能把事物拟人化，通过一些拟声词把它们告诉给孩子。当孩子掌握了一定的数学概念以后，不仅是数学，在语言、音乐、体育、科学等各个领域，孩子都会出现长足的进步。

亲近数学，妈妈从自身做起

有很多妈妈会觉得，自己上学的时候，就对数学很头疼，现在更不可能教孩子了。在这样的妈妈身边长大的孩子，自然就会觉得“我不喜欢数学，数学很难而且很没意思”。其实，妈妈曾经接受的数学教育，并不是数学的全部。数学并不是单纯对数字的训练，而是研究现实世界中数量关系和空间形式的一门科学。因此，在教孩子数学的时候，妈妈不能只告诉孩子名称，而应该从多个角度来表述。例如，看到一卷卫生纸的时候，妈妈不要只告诉孩子说，“这是卫生纸”，而可以描述得更具体、全面，要这样说，“这是卷起来的，上面是圆的，中间还有一个圆孔”或者“把卫生纸撕下来，就是一个长方形”以及“卫生纸很轻”等。养成这样的习惯以后，妈妈的思维和视角也会用数学联系起来。为了能让妈妈先产生“数学有趣又有用”的想法，妈妈可以找一些与数学有关的名人传记来读，或者多看一些深入浅出讲解数学概念的书籍。在教4岁孩子数学的时候，最重要的不是设法培养孩子的数学能力，而是让孩子从小就喜欢上数学。

注重培养孩子的比较能力

通过一些数学性的思维和活动，父母可以看到，孩子的数学能力存在很大的差异。由此可见，孩子接受的教育方式显得尤为重要。在游戏中，让孩子接触具体的实物，会让孩子对数学产生一定的信心。可以多提供一些道具给孩子，帮助他（她）在自由活动中很自然地发现数学规律。另外，妈妈也可以通过故事，让孩子从中学到数学概念。通过各种数

Tips 测试一下孩子的数学能力

计分方式为：好（3分）、一般（2分）、差（1分）。

1 可以根据特点对物品进行分类（例如，热的东西、凉的东西）。

2 可以独立完成4～6块拼图。

3 可以根据数量答出对应的数字。

4 可以理解“5以内”的加法和减法（例如，现在有2个，再多2个是多少）。

5 可以用5～10块积木搭出一个造型，并能够做出说明。

6 可以比较各种感觉，并用语言表达出来。

7 可以理解事物之间的空间关系，明白“前面、中间和后面”。

8 可以比较3个以上、5个以下的物体大小，并将这些物体按大小排序。

9 可以估计出物体的大小、长度、重量、粗细等，并进行准确比较。

10 可以根据物体的特点，把两种特点的物品相间排列（例如，红色苹果—褐色猕猴桃—红色樱桃—黄色香蕉）。

结果分析

≥25分：数学能力非常强。

20～24分：数学能力强。

15～19分：数学能力一般。

10～14分：数学能力比较弱。

学童话，妈妈可以让孩子在一问一答中提高解决问题的能力。在这个时期，孩子最容易进行的数学活动就是比较游戏。把孩子房间里的玩具收集起来，小汽车、娃娃、积木等，让玩具的数量保持在7个以内。把这些玩具放在一起，再准备3个盒子，让孩子对玩具进行分类。妈妈再准备一张纸，在上面画上小汽车、娃娃、积木等，然后要求孩子按照玩具的个数在图片旁边贴上相应的彩纸。要注意，彩纸的大小要统一。妈妈还可以让孩子观察放进盒子里的玩具，比较哪个盒子里玩具最多，哪个盒子里玩具最少。通过这个游戏，孩子可以学会如何收集数据，并且通过比较数量，让孩子了解数的概念。

要准备数学教材吗

4岁的孩子，还无法接受到更多的体验，所以很难进行抽象思维。如果选择给这个阶段的孩子使用教材，反而会让孩子感觉到学习非常困难。在这个阶段，最好让孩子在游戏中学习。如果一定要使用教材的话，对于教材中提到的内容，也要尽量通过可以看到或可以触摸的实物来展现，这可以帮助孩子更好地理解。不过很多教材都是以解题为主，这样的教材对薄弱部分进行短期强化训练会很有帮助，所以更适合那些已经具备了一定教育基础的孩子。其实结合生活中的数学教育，短期、部分性地使用教材，确实可以帮助孩子理解得更全面、更透彻。另外，教材也可以被当成是一种更丰富的间接体验，所以教材也并不是完全没有必要的。父母在选择数学教材的时候，最好选择那种内容简洁、实物图片多并且同时提供很多实物教具的教材。不能只注重数字方面，对孩子的教育，还应该涉及数学的分类、图形、空间、测量、规则等各方面。

16

在孩子发育的阶段，4岁是语言学习的重要时期。这时的孩子，在语言表达方面已经不再单调，而是会越来越多地使用包含抽象概念的形容词了。孩子的言语也越来越生动华丽。英语学习和母语学习是一样的，最重要的是根据孩子的语言发育情况，鼓励他（她）多表达。让孩子多听英文磁带，多看英文故事书，都可以刺激孩子的好奇心和学习欲望，便于更好地对孩子进行英语教育。

4岁孩子学英语，从看电视开始

适合4岁孩子的电视教育法

对这个阶段的孩子进行英语教育，最好能充分利用电视的优势。妈妈可以选择一些适合孩子观看的幼儿英语节目，每集的长度在5～10分钟之间。最好选定一个节目后让孩子反复观看，而不要频繁地更换，这样有助于孩子理解节目内容。应该让孩子达到可以把内容背下来，甚至达到电视里刚说出一个词，孩子就能够把全句接出来的程度。这个阶段的孩子，愿意重复他（她）喜欢的内容，即使是相同的节目，也不会觉得无聊和厌烦。而且，反复播放同一个节目，可以让孩子学习到英语的交流方式以及准确的发音。节目内容最好是日常生活中的故事，让孩子觉得电视里的内容与自己的生活没有什么区别，这样会更加容易接受。当在生活中遇到相同的情况时，孩子就会很自然地用英语表达出来了。如果孩子在类似的情况中，下意识地说出英语，父母一定要积极做出回应，可能的话，父母可以把那句话再重复一遍。一定要让孩子明白，英语并不是一种学习，而应该是人与人之间沟通的手段。

Tips 没学过英语的孩子能上双语幼儿园吗

想送孩子去双语幼儿园，可又担心孩子跟不上，因为到目前为止，没有教过孩子一点英文，怎么办？

对于这个时期的孩子来说，双语幼儿园并不是单纯为了让孩子学英语的幼儿园，而应该是在幼儿教育中融入英语教育的地方。所以选择这样的幼儿园时，必须要考虑幼儿园教育重点是否在性格培养上，英语教育占据多大的比重，其他方面的教育是否足够丰富等。不必拘泥于是否一定有外籍教员，只要能够理解孩子的表达方式，本国教师也是很有优势的。

给4岁孩子选择书籍的标准是什么

父母平时经常给孩子念英文故事，选择的也都是一些最受欢迎的书籍。孩子4岁以后，有没有适合孩子发育水平的选择书籍的专门标准呢？

很多人会觉得，买的人多的书，一定是内容好的书。其实，畅销书排行榜只是选择图书或教材的一个参考而已，更多的是要考虑孩子自身的特点。4岁左右的孩子，适合使用一些图文并茂的故事性教材。这个时期为孩子选择英语读物，孩子的英文水平也是必须考虑的问题。如果不适合孩子的水平，过于简单或者过于难，都可能导致孩子失去学习英语的兴趣。另外，最好选择那些妈妈可以为孩子阅读的英文书。如果妈妈力不从心，可以考虑专门的幼儿英语教材。

初次接触英语的孩子

如果孩子之前一直没有机会接触到英语，就需要妈妈和孩子共同努力了。妈妈和孩子一起看英语节目，或者一起听英文歌，会让孩子感觉到，学习英语就是和妈妈共同度过的快乐时光。在4岁这个阶段，刚刚熟悉了母语的孩子，对于一种陌生的语言很容易产生抵触情绪，因此，重要的是激发孩子对英语产生兴趣。尤其是刚刚开始接触英语的孩子，首要的问题就是诱发他（她）的学习动力。所以无论是读英文故事，还是看英语节目，妈妈最好能陪伴在孩子身边，尽量让孩子快乐地度过这段时间。在这期间，让孩子多听听英文歌也会很有帮助。旋律优美的歌声，会让孩子对英语产生亲切感。

4岁之前学过英语的孩子

如果孩子4岁之前学过一点英语，最好能多为他（她）创造说英语的机会。妈妈要让孩子坚持阅读英语故事，或者经常看英语节目，然后再根据内容，提出一些孩子能够用英文回答出来的问题。例如，“Do you like this film?”或者指着主人公问孩子，“Who is he?”这样的问题，孩子可以很轻松地用英语回答出来，一方面可以培养他（她）的自信；另一方面，还能让孩子认识到，英语不单纯是一种学习语言，而且是一种沟通的手段。

17

对4岁孩子进行美术教育，关键在于让孩子了解美术的丰富表现方法，以及培养孩子观察事物的能力。所谓创造力，就是对相同的事物，能够产生不同的想法。

体验中的美术教育

通过体验活动进行美术教育

对于4岁以上的孩子，妈妈可以让他（她）根据主题，勾画出准确的轮廓。在这个时期，孩子摆脱了无意识地涂鸦，开始尝试更准确地勾勒线条，并且能够明白描绘内容与描绘对象之间的关系。因此妈妈可以在生活中为孩子创造更多的体验机会，培养孩子的感性认识和创造力。尽可能给孩子充分的自由，可以让他（她）挥舞画笔，把自己的想法用线条和色彩表达出来。在工具方面，妈妈可以准备多种笔和颜料，然后让孩子自己发现它们的异同。

在家里进行的美术体验游戏

糊糊画画

[准备材料]　面糊、食用色素、醋酸盐纸、梳子、盘子、木筷、围裙、毛巾 。

[玩法] ①将面糊调制成类似于番茄酱的黏稠度，然后将其盛放在一个盘子里。②将面糊倒在醋酸盐纸上。③洒上食用色素以后，用手指将食用色素与面糊混合，然后让孩子画画。④让孩子利用梳子和木筷画出丰富的形态。

[延伸活动] 在游戏中可以使用各种颜色的食用色素。如果没有食用色素，也可以混合一些颜料。还可以让孩子一边听音乐，一边用色彩来表现音乐的感觉。对于注意力容易分散的孩子，可以给他（她）准备一个大调色盘。

蔬菜印章

[准备材料] 安全小刀、颜料、蔬菜（藕、青椒、洋葱、蘑菇等）、签字笔、报纸。

[玩法] ①在桌子上铺开一张报纸。②用安全小刀把蔬菜切成各种不同的形状。③在蔬菜上涂抹颜料，然后印到画纸上。④根据印上去的形状，用签字笔勾勒出轮廓。

[延伸活动] 也可以在红薯、土豆、胡萝卜等蔬菜的截面上，先绘制出图画，然后用安全小刀刻出图画的边缘部分，沾上颜料，就变成了印章。

魔术画

[准备材料] 蜡烛、颜料、毛笔、水桶（清洁工具）、调色板、白纸。

[玩法] ①把蜡烛溶化，将蜡烛油洒落在画纸上。②在纸的另一面，按照蜡烛的痕迹绘制出图画。③将颜料挤在调色板上，在图画上涂抹颜料。

[延伸活动] 在画画的时候，白色蜡烛并不会显示出颜色，所以也可以使用彩色的蜡烛或彩色画纸。亦可以用白色蜡笔代替蜡烛，画好后再涂色。

用蔬菜和水果制作各种动物

[准备材料] 各种水果和蔬菜、牙签、安全小刀、菜板、木筷。

[玩法] ①用牙签把萝卜和苹果连接起来，制作成头和身体。②用白菜在苹果上制作出鸡冠，再切一段辣椒，做成嘴。③用白菜或莴苣给萝卜插上翅膀，用扁豆皮或辣椒制作成尾巴。④用藕做成脚，再用木筷把它与用萝卜制作的身体连接起来。

[延伸活动] 工作之前，先用刀把萝卜的根须切掉，便于在制作的时候掌握平衡。利用蔬菜和水果的形态，可以简单地制作出各种小动物，例如用黄瓜制作鳄鱼，用土豆制作刺猬，用茄子制作鲸鱼等。

美术体验中心

与音乐和体育不同，美术不仅是学习一种技巧，更重要的是掌握表达的方法。特别对于幼儿，不应该对其进行以技能为主的美术教育，而应该通过各种有趣的美术活动，激发孩子无限的想象力，并且让他（她）学会如何表达自己丰富的情感。这也是美术体验中心的优势所在。美术体验中心提供的课程，结合了美术和表演，通过丰富多彩的美术活动，让孩子充分表达出内心的欲求，对培养创造力很有帮助。涂抹面粉、在墙上喷洒颜料、在泥土里打滚，这些在家里被禁止的活动，在这里却成了美术教育的基础课程。美术体验活动，就是要给那些充满活力的孩子提供一个可以自由活动的空间，给那些性格消极的孩子提供能够表达内心世界的机会。

18

可以激发好奇心的美术馆

通过丰富的材料培养孩子的好奇心

“看森林的孩子”美术馆馆长李正雅认为，4岁的孩子在表现形态方面还比较困难，这个时期的美术教育，最好把重点放在性格培养方面，而不是训练技巧和才能上。美术体验活动的优点，就在于可以让孩子的性格发生变化。一些孩子过分固执或者过分内向，不善结交朋友，而通过各种美术馆的体验活动之后，性情会在不知不觉中变得开朗活泼起来，这样的例子屡见不鲜。

在家里开展美术体验活动的时候，必须要符合孩子的发育情况。很多父母都是因为高估了孩子的水平，而在教育活动中遭遇失败。如果父母总是想拔苗助长，那么最好还是不要采取任何行动。其实，最简单的方法就是不去干涉孩子的活动，并且适当地给予鼓励和称赞。父母这样做，可以增加孩子的成就感，孩子的活动能力也会登上一个新的台阶。而这时候父母要做的，就是提供给孩子丰富的材料，充分满足孩子的好奇心。生活中的一切都可以成为孩子美术活动的材料。妈妈可以带孩子去五金店，在那里能够看到各种各样的金属器具，或者让孩子在切好的蔬菜水果上涂抹颜色，然后盖章，这些都是很好、而且很容易进行的美术活动。

丰富的美术馆体验项目

阶梯艺术中心 阶梯艺术中心是韩国最早的儿童专业综合文化中心。这里经常开展美术乐园、戏剧乐园、读书乐园等丰富多彩的活动。

三星儿童博物馆 该馆于1995年创办，是专门服务于儿童的体验式博物馆。为婴幼儿、学龄前儿童以及小学生提供各种带有学习性目的的活动项目。

国立现代美术馆 这是韩国最好的美术馆。在入口处有婴儿车和轮椅供观众使用，还为3～7岁的孩子提供了儿童乐园。单独建立了一个以孩子为参观对象的“儿童美术馆”，孩子在那里还可以自己动手画画。

阳坪艺术馆 这里是一处集合了陶器工坊、工艺品工作室、金属工坊的综合文化空间，除了美术作品的展示，还提供各种演出和体验活动。

蝴蝶苑美术馆 该美术馆坐落于韩国美丽的清溪山下，服务对象主要是儿童和青少年。该馆为孩子准备了图书制作和雕刻等丰富的活动内容。

看森林的孩子 这是位于韩国京畿道阳坪的一处体验式儿童美术馆。除了可以参观美术馆，这里还提供与展览有关的各种美术活动，具有很好的教育效果。

用脚画画的美术教室 这里以儿童为服务对象，每月都会有一个主题展示会，并且邀请专业的美术老师对作品进行赏析讲解。

19 边玩边学

现在这个时代，4岁的孩子已经可以熟练地操作电脑了。有越来越多的网站专门为孩子们设置了相应的内容，让孩子在愉快地玩乐中同时接受教育。本节就让我们来了解一下，如何通过互联网让孩子学习到更多的东西。

在3～4岁阶段，孩子手指的力量已经完全可以操作鼠标了。不过孩子能够完全集中注意力的时间还比较短，所以还不能准确地使用鼠标，需要父母的帮助。这时候，有些父母会担心孩子乱动，把电脑搞坏，因此大声呵斥孩子，不许他们碰电脑。其实父母完全不必这么紧张。只要教会孩子正确的使用方法就可以了，键盘和鼠标不过就是样式独特的玩具而已。如果孩子表现出兴趣，想独立操作，就可以把鼠标完全交给孩子。孩子刚开始操作时，可能还需要一些帮助，不过，慢慢地，孩子就可以独立操作了。

在互联网上学习前的准备

给孩子准备一个收藏夹 在这个阶段，可能发育快的孩子已经可以自己看懂很多东西了，但是大部分孩子还不识字，所以也无法使用搜索功能。4岁孩子使用互联网，指的是他（她）会用鼠标，在一些特定网站上玩游戏，会翻到前一页或下一页。因此，妈妈最好给孩子准备一个收藏夹，然后引导孩子从中找到自己感兴趣的内容。

准备好音箱 多媒体可以很好地激发孩子的兴趣，并且延长孩子集中注意力的时间。大部分幼儿网站都有很多音效和音乐，所以妈妈一定要准备好音箱。

准备一台彩色打印机 网络上会有大量的图片资料，这样可以用打印机把它们打印出来，对孩子的学习很有帮助。

使用电脑的注意事项

首先，妈妈要根据孩子的身体条件，准备一套适合的桌椅。照明要调到适当的亮度，不能太亮，也不能太暗，显示器上最好能安装护目屏。显示器和眼睛的距离应该保持在40～50厘米，显示器的位置不要高于水平视线。电脑机箱后面会放射出大量的电磁波，所以一定注意，不要让孩子站到机箱后面。使用电脑的时候，每次最好控制在10～30分钟，用完电脑以后，妈妈要和孩子一起进行放松眼睛的运动，可以望望远方等。

可以通过互联网开展的学习

英语学习　用眼睛看，用耳朵听的多媒体学习方法，对于提高孩子的英文水平会有很好的效果。从这个角度来说，网络是最好的学习环境，它可以让孩子从游戏中获得良好的学习效果。

数字学习　通过网络，孩子也可以进行数字方面的学习。因为在游戏中，他们可以马上知道答案正确与否，所以，孩子会很轻松地进入到数字世界中去。

美术学习　互联网上有很多孩子喜欢的涂色工具，以及各种制作资料。通过绘画和操作，可以培养孩子的敏感性和创造性。孩子通过操作鼠标，还能锻炼手臂上的小肌肉。

感觉学习　对于孩子来说，互联网上的游戏是一种全新的刺激。在游戏过程中出现的声音以及物体的运动等，都会让孩子感到非常愉悦。还有一种网络童话书，由动态画面构成，并加入了很多音响效果，非常受孩子的欢迎。

用“妈妈牌”学习法代替昂贵的家教

最适合4岁孩子的，是“妈妈牌”学习法。因为妈妈最了解自己的孩子，每个孩子都是在妈妈的关爱和努力下成长起来的。下面介绍三位成功妈妈教育孩子的特殊学习法。

20

利用协作教育指导孩子

我想要把孩子从纷繁复杂的都市生活中解脱出来，把家安在了金浦，看着基勋和基赫在田野里自由地奔跑，健康地成长，我觉得，自己做了一个正确的选择。我认为，让孩子亲近自然，是一种最好的学习。

妈妈就是最棒的故事大王 在这种环境里，即使我想送孩子去上兴趣班，也没有条件。我不得不担负起更多的责任。我最先找到市立图书馆，在那里我看了很多与孩子有关的书，还听了很多童话广播。我申请担任图书馆播童话的志愿者。到现在，我做志愿者已经三年了，我不仅学会了怎样当好妈妈，还让基勋和基赫的生活变得丰富多彩。

五个家庭的集体智慧 搬到金浦以后，我希望能结交一些志同道合的朋友，通过协作教育来指导孩子。因为有些事情，仅凭妈妈一个人的力量是无法解决的。我们经常召集五个家庭的孩子，每周上一次课。这五个家庭的孩子中包括3名婴儿、2名幼儿、1名一年级的孩子、2名二年级的孩子、1名六年级的孩子，他们虽然年龄上有差异，但是我们安排了适合所有孩子水平的丰富课程，科目包括英语、中文、音乐、美术和其他（折纸和烹饪）。其中，英语、中文和音乐每月一次课，剩下的则每周一次课。

课程越来越专业 正式进行协作课程大约一年了，不过之前的准备工作耗时两年。如果没有妈妈的努力和充足的

Tips 为什么要选择“妈妈牌”教育方法

很多妈妈之所以选择“妈妈牌”教育方法，是因为他们觉得目前以商业为目的的早教机构存在很多问题。以私人教师上门授课为例，通常是一周一次，每次大约10分钟，如果只靠这种方式想让孩子学到东西，恐怕是很困难的。孩子必须每天定时学习，而且有人监督检查，才能达到好的学习效果。去各种兴趣班也是一样，无论是对孩子的体力，还是妈妈的钱包来说，都是负担，而且学习效果也未必好。现在有很多教材和教具可以帮助妈妈自己来教孩子，只要下定决心，妈妈就可以成为孩子最好的老师。

Tips 为什么要让妈妈教

在幼儿时期的育儿过程中，最重要的就是妈妈与孩子之间的互动。在这个时期，只有妈妈最了解孩子的能力和兴趣。因此，妈妈可以提供给孩子最适合的教育环境。很多妈妈都以为把孩子送进各种收费昂贵的早教机构，是对孩子负责任的做法，但是，如果妈妈能自己教导孩子，就会发现，这样做会带来更好的效果。很多时候，妈妈的态度往往会对孩子起到决定性的作用。

准备，这样的活动是很难成功的。因为这个组织以教育为目的，妈妈要先学会了再教给孩子，所以在课程方面，必须力求专业。

朴真希　基勋和基赫的妈妈

让孩子通过各种体验来认识世界

我希望自己的孩子情感丰富，于是决定带孩子去尝试各种不同的体验。刚刚开始这项活动的时候，我的大孩子已经7岁了，而小儿子还不满周岁，还需要妈妈背在背上。开始的时候，我带他们去的就是家附近的公园和博物馆。逐渐掌握了一些要领后，参观的内容又增加了美术馆和一些演出。

每天早上收集信息　在过去的一个月里，我们至少去看了7～8次演出，还参加了世界杯公园、吉童公园和南山公园的生态体验活动。周末的时候，孩子则是和家人一起参观庵舍遗址，参加故宫巡礼活动等。假期的时候，我会选择韩国国立中央博物馆、韩国西大门自然博物馆、韩国国立现代美术馆和首尔市立美术馆的教育活动。每天早上，我送孩子去学校以后，就会打开电脑，搜索各种与体验学习有关的信息，然后详细地记录在日历上，确定好参加方法和时间以后，我就会尽快预约。

找到免费或价格低廉的方法　因为这些活动大部分都是免费的，所以我在经济上没有什么负担。现在各种公益演出越来越多，大多数是免费的，或者票价低廉。其实只要妈妈付出一些心思和努力，就可以让孩子的生活快乐又幸福。

妈妈要一起去，并且督促孩子写体验日记　在参与这些体验活动的同时，我也有自己的原则。首先，我不会让孩子独自去，像智娜这样大的孩子，其实已经可以独立完成很多事情，但是我还是会陪她一起参观游览。因为这种体验并不单单是一种体验，要想让它成为孩子人生的养分，妈妈的引导是非常重要的。所以每次看完演出，或是参加活动回来，我都会要求孩子写日记。简单一点没关系，但是要整理出自己的思路，以便把看到的东西都记在脑子里。当然，妈妈也不例外，写好日记后与孩子互相交换，还经常会就这个话题展开一场有趣的对话。

全英雅　智娜和智宇真的妈妈

书籍是所有教育的根本，所以让孩子多读书吧

我毕业于幼教专业，后来又当了5年的幼儿园老师，或许正是因为这个背景，大女儿由真出生以后，我一直坚持自己养育，并且在孩子身上花费了很大心血。我正式开始指导孩子读书，是由真3岁的时候。周围的家长看到由真的进步后，纷纷请求我也教教他们的孩子，我都愉快地接受了。现在，我在社区里开办了一个儿童美术读书教育工作室。

不要急于让孩子独立阅读　我认为在帮助孩子养成读书习惯的时候，首先要做的是妈妈读书给孩子听。因为经常听妈妈读书的孩子，听力和理解力都会比较强，也能够更专注于学习。在一些发达国家，即使孩子已经上到高年级了，依然是妈妈为他（她）读书。在韩国，很多人都觉得应该让孩子早些开始独立阅读，这也导致很多孩子的听力教育不是很好。如果妈妈为孩子阅读，可以很自然地增加对话的时间，妈妈也可以充分地了解孩子的想法。

让孩子从简单的书开始读　如果孩子觉得书中内容很难理解，读起来很辛苦，自然就不爱读书。如果让孩子读一些简单的书，就会让孩子在不知不觉中养成读书的习惯，在阅读水平提高以后，孩子会自己选择适合的书来读。

把读书与体验学习联系起来　如果想引起孩子的兴趣，让他（她）接触更丰富的知识，可以在孩子读完书以后，再进行一些体验学习，或者在读书之前先进行实地体验，这些都对获取知识很有帮助。另外，妈妈还可以充分利用报纸和杂志。报纸和杂志上有丰富的信息，会让孩子感到很有趣。当孩子明白可以通过文字获取想要知道的信息时，就会对文字产生兴趣，从而更加热爱阅读。

全恩京　由真的妈妈

21 关于“妈妈牌”学习法的建议

制订具体计划　妈妈突然变身为老师，这不是件容易的事。妈妈必须要从简到难，而且制订出详细的计划。例如一天读三本书，一周做两次练习题，周末去公园散步等。虽然是个很小的计划，只要持之以恒，慢慢地大目标就会实现。

减少对其他事情的关注　如果妈妈决定自己对孩子进行教育的话，就要减少对育儿和教育以外的事情的关注。如果妈妈每天都被家务纠缠，那么能关注孩子的时间就没有多少了。相反，如果妈妈每天和孩子一起玩，一起学习，那么在家务上就会疏忽一些。所以，妈妈可以对家务适当做些调整，比如睡前打扫房间，一周进行一次大扫除等。

树立学习的信心　就算妈妈什么都懂，要想有效地教导孩子，也要提前学习。可以向有经验的妈妈取经，或者通过看书、上网了解相关知识。当感觉自己教孩子已经没问题时，就差不多了。妈妈在思想上一定要树立学习的信心，“我一定要成为世界上最好的老师”。

积极利用网络　越来越多的妈妈变身为孩子的老师而取得成功，网络的作用功不可没。通过在育儿网站交流信息，共享资料，每一位妈妈都能轻松地成为一名好老师。你还可以加入一些民间组织，与更多的妈妈一起交流心得，分享成果，这样一定能得到很大的帮助。

如果一个人觉得辛苦，可以寻找一些有同样想法的妈妈　“妈妈牌”学习法能获得成功的另一个秘诀，就是协作教育。年龄相似，又拥有相同想法的妈妈集中在一起，组成一个小团体，每个人承担一个科目。这样还可以增加孩子与其他小朋友交流的机会，妈妈之间也可以互相沟通育儿心得，可谓一举多得。

深夜在妈妈面前吟诗的法国作家——圣艾修伯里

在教孩子识字的时候，妈妈经常会遇到各种各样的问题，妈妈是否经常下意识地指责孩子，“怎么又拼错了？”孩子刚刚开始学习，犯错误是在所难免的，如果妈妈经常这样呵斥孩子，就要反省一下自己，是否对孩子的要求太高了。《小王子》是一部全世界孩子都喜爱的作品，它的作者是法国的安东尼·德·圣艾修伯里。从安东尼很小的时候开始，他就很喜欢听妈妈讲各种传说和童话故事。到4岁的时候，就已经开始写诗了，他常常会在深夜里突然敲开妈妈的房门，说道，“妈妈，快起来。”妈妈问，“什么事啊？”小安东尼说，“我写完了一首诗，现在就念给您听好不好？”

睡眼蒙眬的妈妈会立刻打起精神，听他朗诵自己写的小诗。有时一听就是两个小时，尽管妈妈已经非常疲倦，可她并不会让儿子察觉，反而真心地称赞儿子，“这首诗写得真好”。

当孩子交出突发奇想的作品，或是在学校的演出中扮演了角色，妈妈都要真诚地称赞孩子，“做得真棒！”也许孩子的表现非常幼稚，但是那里面却包含了孩子的想法和感情。

译注：安东尼·德·圣艾修伯里1900年出生于法国里昂，1921—1923年在法国空军服役，曾是后备飞行员，后来又成为民用航空驾驶员，参加了开辟法国—非洲—南美国际航线的工作。圣艾修伯里还喜欢文学写作，作品有《战斗的飞行员》、《给一个人质的信》、《小王子》等。

Part

03

让孩子健康茁壮地成长

必须重视孩子的

健康

22

妈妈是孩子的家庭医生

健康的身体带来良好的精神状态，无论对谁来说，健康都是最重要的。

在养育孩子的过程中，健康更是占据着最重要的位置。作为妈妈，对于孩子在成长中已经遇到或是可能遇到的大大小小的疾病，都必须提前掌握预防的知识。在日常生活中，妈妈随时都要留意孩子的饮食、睡眠是否正常。连续几天身体不舒服，对大人来说或许没什么大碍，但对于孩子来说，则有可能意味着患了严重的疾病。另外，妈妈要确认孩子的发育成长情况是否符合他（她）的年龄段，这也是非常重要的。如果孩子经常出现身体不适，或者特别容易感冒，则更要引起妈妈足够的重视。还有一些孩子对季节变化特别敏感，妈妈最好能备一本健康手册，提前预防，可以减少看病就医的次数。

如果孩子生病了，妈妈应该知道如何应对，悉心的照料也可以让孩子尽快恢复健康。一名合格的妈妈，应该是半个儿科医生，韩国有句话说："妈妈的手是一双治病的手"，而每个孩子的第一位医生，就是他（她）的妈妈。因为，能够最快了解孩子病痛的人是妈妈。所有的妈妈都应该为孩子创造一个健康的成长环境，让孩子健康、快乐地长大，这也是妈妈最重要的职责。

23

放开手让孩子去玩耍

“徐延非常不喜欢动，玩别的还好，只要让他跑，或是让他去公园，他马上就会无精打采。我很担心，他的大肌肉发育是不是有问题。”4岁是最适合通过运动促进大肌肉发育的年龄。在保证安全的情况下，已经可以让孩子进行游泳或芭蕾舞等运动了。对于徐延的情况，专家认为，如果孩子在4岁这个阶段，不积极使用大肌肉，很可能会造成孩子成年后也不喜欢运动的情况。韩国人类发展研究所的文美熙所长建议，“踢球和骑自行车等大肌肉的运动和语言发育或认知发育都是不可分割的，是发育的重要基础。要想让孩子能够健康地生活，首先必须要达到身体的自由活动”。

有些父母因为害怕孩子受伤，而限制他们的很多活动，殊不知，这其实是在阻碍孩子大肌肉的发育。其实，只要不是过分危险的动作，父母完全可以放开手，让孩子自由活动。当然，如果妈妈感觉周围环境比较危险，可以带孩子去游泳池、体育馆、公园等地方，在保证安全的前提下，给孩子制造更多的运动机会。

关于大肌肉发育的问题

骑自行车　4岁的孩子，会对骑行类的活动产生兴趣，例如骑自行车，就可以很好地促进大肌肉发育。

玩球　在球类活动中，扔、接、踢等动作，都对大肌肉发育很有好处。开始球类活动的时候，可以先让孩子从自由活动开始，然后再逐渐接触篮球或足球等带有规则的运动。

在公园里玩耍　公园里会提供秋千、滑梯、跷跷板等各种娱乐设施，自由玩耍可以促进孩子大肌肉的发育。

24 游泳可以提高免疫力

现在，幼儿游泳已经成为一个很普遍的现象，身边已经很难找到不会游泳的孩子了。专家建议，越早让孩子开始游泳，越可以消除他（她）对水的抗拒心理。而且游泳须要活动全身的肌肉，尤其对大肌肉的发育非常有益。

4岁可以开始游泳吗

从出生后3个月开始，父母就可以让孩子游泳了。不过，在3岁之前，游泳对于孩子来说，还不是一项运动，更多的是一种戏水的游戏。4岁以后，父母就可以让孩子学习游泳的一些基础动作了。因此，游泳是4岁孩子非常好的一项运动。

哪些孩子适合游泳

只要是喜欢玩水的孩子，都适合学习游泳。如果孩子患有中耳炎或鼻炎，最好先不要开展这项活动。另外，有过敏情况的孩子，也同样不建议游泳。但是，如果存在这些情况的孩子想游泳，也并非完全不可以，只是游泳之后，一定要给孩子用温水洗澡，并且涂抹保湿产品。

游泳有哪些好处

游泳可以均衡地促进孩子肌肉和关节的发育，并且培养平衡能力、身体协调性以及反应能力等。另外，游泳还能增加肺活量，促进循环系统的发育。再有，游泳的时候，孩子不断地出入于水中，会接受温差的刺激，有助于促进体温调节能力，从而提高免疫力。

Tips 学习游泳以后，孩子开始好好吃饭了

妈妈金贤雅一直很担心艺林的身高，感觉他比同龄的孩子要矮一些。不过让金贤雅更担心的问题是，艺林一直不肯好好吃饭，性格也比较内向。听了其他妈妈的建议后，金贤雅开始让艺林去学游泳。没想到，身材矮小的艺林非常喜欢这项水里的运动。开始的时候，金贤雅还担心，孩子会不会因为经常泡在水里而感冒，但现在她已经完全没有这种顾虑了。现在的艺林，已经可以游得很好，而且每次游泳回来，都可以吃满满一碗饭，个子似乎也比以前长高了不少。

25

培养孩子节奏感的芭蕾舞

现在，越来越多的父母会让自己的女儿去学习芭蕾舞。很多文化中心或学院的幼儿芭蕾舞班常常是人满为患。看着那些身穿舞裙站立在镜子前的女孩的优雅身姿，每一位有女儿的妈妈，可能都会产生让自己的孩子学芭蕾舞的想法。

4岁可以开始学芭蕾舞吗

《发现孩子的潜能》的作者方仁花认为，4岁左右开始学芭蕾舞是最合适的时机。因为4岁正是骨骼开始形成的时期，如果在这个时期开始学习，会让孩子的身材更加匀称，身体有很好的柔韧性。另外，要想学好芭蕾舞，还必须能够集中注意力，并且具备一定的与老师沟通的能力。4岁的孩子已经可以听懂大人说话了，所以这时才能顺利开展课程。不过，这个阶段的课程其实还算不上是正式的芭蕾舞课程，学习这些课程的主要目的还是促进孩子大肌肉的发育，并且让孩子掌握一定的节奏感。

哪些孩子适合学芭蕾舞

只要是想活动身体的女孩，都适合学习芭蕾舞。因为芭蕾舞的动作相对来说比较舒缓，以拉伸肌肉为主，所以即使是不爱运动的孩子，也不会产生抵触心理。特别是对于那些爱美的女孩子来说，穿上漂亮的裙子，别上可爱的卡子，都会极大地激发她们的兴趣。

跳芭蕾舞有哪些好处

众所周知，跳芭蕾舞可以促进大肌肉发育，并且让身材颀长、匀称，因为芭蕾舞的基础，就是讲究正确的姿势。穿上漂亮的舞裙，一边舞蹈，一边表达自己的情感，这对孩子的情感发育也很有好处。另外，让孩子在4岁左右开始学习芭蕾舞，也有助于她今后向现代舞、花样滑冰、爵士舞等专业方面发展。

去哪里学芭蕾舞

现在大部分的文化中心或社区会所都开设了幼儿芭蕾舞课程，一般是每周2～3次，费用也很低廉。不过因为学员比较多，所以老师可能无法逐一纠正孩子的动作。但是幼儿学习的并不是高难度的芭蕾技巧，而是让孩子学会在音乐中活动身体。因此，不必刻意去那些收费昂贵的芭蕾舞专业学校学习。在选择学校的时候，父母还要考虑学校和家的距离，因为这个年龄的孩子还不能自己穿脱舞蹈服，每次都要妈妈陪同前往，因而方便性也是很重要的。

Tips 芭蕾让孩子变得开朗

真英不喜欢去外面玩，更愿意待在家里，这让妈妈崔珠熙难免有些担心。虽然是女孩，可也不能总是闷在家里，缺少和其他小朋友在一起的机会，可能会让孩子变得越来越不合群。当孩子4岁的时候，崔珠熙决定为她选择一项体育活动，尝试了很多种，可孩子都没有什么兴趣。真英的性格非常文静，可能因为是女孩，滑冰、游泳什么的，她都不想学。一个偶然的机会，崔珠熙带真英去文化中心的时候，看到一群女孩穿着裙子正在跳舞，真英说，“妈妈，我也想跳。”于是，崔珠熙立刻给女儿报名参加了芭蕾舞的学习。两个月以后，真英已经跳得像模像样了，这让崔珠熙非常满意。而更让崔珠熙惊喜的是，她发现女儿变得比以前活泼开朗了，表达能力也进步了很多。虽然要承受一些经济压力，可是看到女儿的变化，崔珠熙还是决定继续让她学下去。

26

关注4岁孩子的小肌肉发育

所谓小肌肉运动技能，就是利用手抓摸物品的能力。小肌肉之所以重要，是因为它是其他方面发育的基础。例如吃饭、上厕所、画画等，都离不开小肌肉的运动。另外，小肌肉的重要性，还体现在它可以通过手眼的协调性，刺激大脑发育。韩国人类发展研究所的文美熙所长认为，“在生活中，任何事情妈妈都要尽量让孩子独立去完成，只有这样，才能充分地刺激孩子小肌肉的发育”。

现在很多父母对孩子应该做的事大包大揽的情况比较严重。4岁的孩子，已经完全可以自己用勺子，上完厕所后自己提裤子。可是很多父母却更愿意代替孩子做这些事，这无形中剥夺了孩子锻炼小肌肉的机会。

文美熙所长建议，“尽管孩子在穿衣服和洗脸等一些日常小事上经常会出现失误，而且要花费很长时间，但是父母必须要接受这一点，并且保持耐心。”不要总对孩子说，“怎么又把牛奶洒了”或者“你能不能快点儿穿”等话语，而应该这样说，“你可以做得到”或者“慢慢来，再试一次”。父母的态度，有时甚至可以影响孩子的发育进程。

促进小肌肉发育的游戏

拼图　4岁孩子都很喜欢玩拼图。在这个年龄，他们已经可以理解整体与部分的关系。可以先从大块的拼图开始，

Tips 4岁阶段的小肌肉发育检查

在孩子3～4岁期间，妈妈已经可以判断出孩子哪只手用得更多，也就是说，可以发现他（她）是否是左撇子。另外，这时的孩子应该可以在两块积木上再放一块大积木，搭出桥的样子。如果孩子3岁以后还做不到这点的话，妈妈就必须带他（她）去接受专业的发育检查了。

然后逐渐变小，并且增加块数。也可以把他们喜欢的图画制作成拼图。

搭积木　4岁的孩子，已经可以用积木搭出各种各样的形状。搭积木的时候，最好能多给他一些不同形状的积木，不必先为孩子搭出样子让他（她）模仿。最重要的是让孩子按照自己的想法去做。

翻花绳　翻花绳对于锻炼孩子的小肌肉非常有好处。这个游戏不仅可以均匀使用到双手的所有肌肉，还能培养孩子解决问题的能力。逐渐增加翻花绳的复杂度，孩子会很快被其魅力所吸引。

用筷子　现在的孩子，筷子用得都不太熟练。用筷子可以很好地活动小肌肉，对大脑发育也有好处。每天三顿饭，用筷子吃饭可以有规律地活动小肌肉，所以从现在开始，用筷子代替勺子吧。如果孩子还用不好，可以先从游戏开始，让他（她）逐渐熟悉筷子。妈妈可以和孩子一起，先试着用筷子夹一些好夹的东西，并让孩子慢慢习惯。

用各种原料画画　如果孩子之前只是用蜡笔或彩色铅笔画画，那么现在最好能给他（她）一些颜料。由于手部力量的不同，涂抹的颜料会表现出不同的粗细和感觉，也会达到调节小肌肉的能力。有时，孩子也可以把颜料涂满整个手掌，然后像盖章一样盖到画布上。

27 孩子长得慢怎么办

对于4岁的孩子，妈妈要随时留意观察他（她）的身高与体重是否均衡增长。如果生长曲线是一条缓慢的抛物线，则表明孩子的身体生长很顺利。

4岁该上幼儿园了，孩子开始接触到更多同龄的小朋友，也到了培养社会性的时候。从这个阶段开始，父母对孩子的身高更加敏感。每对父母可能都会悄悄地比较，我的孩子是不是比别的孩子矮，是不是显得比别的孩子小。一般来说，影响孩子身高的因素主要是遗传和环境因素。实际上，遗传只占20%～30%，而环境因素则占70%。因此，处在不同的环境，会让孩子的身高出现很大差别。

Tips 我的孩子能长多高

目前，只能通过遗传因素来预测孩子未来的身高。这种方法的准确度还是比较高的，但也不是百分之百准确。因为环境影响要比遗传因素更加重要。

女孩身高=（妈妈身高+爸爸身高）÷2−6.5

男孩身高=（妈妈身高+爸爸身高）÷2+6.5

怎样让孩子长高

充足的睡眠 只有在深度睡眠时身体才能分泌生长激素。特别是晚上10点～凌晨2点之间，是生长激素分泌最旺盛的时候。4岁孩子要避免午睡时间过久，晚上10点前一定要睡觉。

充分摄取营养 一方面，多让孩子喝牛奶和奶制品，吃鱼类、海藻类等富含钙的食物，另一方面，则要避免让孩子摄入碳酸饮料、快餐食品以及糖分高的食物。因为快餐食品会引起钙的流失，影响骨骼生长。而且快餐食品会让身体堆积很多皮下脂肪，促进体内女性激素分泌，自然也就会妨碍到生长激素的分泌，从而降低生长速度。

在跑跳中长大 如果想刺激骨关节周围的生长骺板，就必须让孩子多跑多跳。如果妈妈过分重视孩子的认知学习，而减少他（她）玩的时间，可能会在孩子生长方面造成很大的问题。而且4岁这个阶段，正是进行游泳、跑步等规则性运动的好时期。当然过度运动也是不好的。孩子疲倦的时候，体内会产生一种叫做儿茶酚胺的物质，它会妨碍生长激素的分泌。所以，孩子每次的运动时间保持在一两个小时为宜。

治疗慢性疾病 哮喘、过敏、鼻炎等疾病都会影响深度睡眠，而且还会降低生长激素的分泌，所以必须尽快治疗。

检查生长骺板

4岁以后，孩子正常生长的重要指标不再是身高，而是生长速度。也就是说，评价健康标准不是现在有多高，而是一年长了多高。如果孩子一年的生长速度在4厘米以下，即使比同龄孩子高，仍然须要接受检查。因此，妈妈要留意观察孩子的生长变化，绘制生长曲线，这是非常重要的。如果家族中有生长激素缺乏症患者，或者孩子出生时的体重偏低，或者患有慢性疾病，出现矮小症的可能性就会比较大，所以日常的观察是必不可少的。

要注射生长激素吗

注射生长激素，就是利用基因工程学，把人类合成的生长激素注射到那些因为生长激素不足而无法长高的孩子身上，常常会带来惊人的效果。但是如果是因为其他原因而无法长高的孩子，即便注射了生长激素，也不会有效果。例如由于营养不良、染色体异常等原因无法长高的孩子。出生2个月到10岁的孩子，都可以注射生长激素，不过注射激素的费用一年需要1000万韩元（约合人民币6万余元）以上。所以如果孩子的生长曲线并没有呈现缓慢增长，只是速度比较慢，就最好先进行生长骺板检查，咨询专业的医生后，再妥善制订治疗方法。

28 4岁的孩子依然偏食

孩子偏食的时候

幼儿期的孩子，食欲和对食物的喜爱不稳定，对于食品的成分、组织、味道的感觉存在很多个人差异，喜好很容易发生变化。孩子的偏食，在一定程度上是短暂性的，所以如果偏食情况不严重的话，可以选择一些营养成分类似的食物来代替，防止出现营养不良的问题。孩子偏食的原因多种多样，但主要还是来自于饮食环境的影响，特别是容易受到父母态度的影响。所以纠正孩子偏食之前，父母首先要检查自身的饮食习惯是否正确。

出现偏食的原因

1 曾经给孩子吃过一些口味浓烈或者口感坚硬的、让孩子不喜欢的食物。

2 烹调方法不当，准备的食物量过多或者让孩子摄取糖分过度。

3 孩子对不熟悉的食物感到害怕。

4 食物过分单调。

5 孩子曾经被强迫吃饭，或是在吃饭的时候受到过呵斥。

让孩子从小就养成不挑食的习惯

我会把民洙不喜欢的那些食物切碎，放进炒饭或者汤里，只要不让他看见，他就不会特别拒绝。而且在每顿饭

Tips 孩子吃得少怎么办

1 每次用餐时间必须达到20～30分钟，减少零食，到下次吃饭之前，让孩子有空腹感。

2 孩子食欲不振，妈妈光焦虑是不行的，可以通过让孩子适当增加身体活动，多样化的烹调方法，更换餐具，邀请其他小朋友一起吃等方法，刺激孩子的食欲。

3 如果是因为孩子出现贫血、寄生虫感染等急性或慢性疾病，必须尽快治疗。

中我都会保证一定量的蔬菜，所以他基本没有出现过偏食的情况。我在做咖喱或者炸酱类食物的时候，也会适当放入一些蘑菇、花椰菜、辣椒等蔬菜，让民洙吃。冬天的时候，我会把鱼肉裹上酱汁，再包上紫菜，民洙非常喜欢吃。小时候民洙吃肉，我是切成小块喂给他，现在他已经可以和大人一样自己吃了。

宋英珠　民洙的妈妈

告诉孩子不挑食会变漂亮

静民两岁之前，一般都是给她什么就吃什么，但是静民两岁以后，似乎开始有了自己的主张，出现了偏食的情况。对于喜欢的和不喜欢的，她分得很清楚，常常让我很为难。不过后来我还是发现了一个好方法，那就是用漂亮诱惑她。或许因为是女孩子，从4岁开始，她就已经爱美了，所以现在只要一遇到她不爱吃的东西，我就会说，“只有多吃，小脸蛋才会变漂亮哦”或者说，“吃了这个，身上就不会痒了（她有轻微的过敏症状）”有时还会说，“吃太多汉堡，会长胖哦”，慢慢地，只要是对身体有益的食物，她都会吃得很开心。

江真京　静民的妈妈

没有比称赞更好的药了

我有两个孩子，一个7岁，一个4岁，是两兄弟。大儿子性格温顺，很懂事，小儿子却不是十分听话。小儿子从4岁开始，我就会经常夸奖他。只要他吃一点东西，我就会称赞说，“我的儿子一定会越来越高，越来越壮，还会越来越帅”。这样过了几个月，他的固执逐渐减少，大人的话也能听得进去了。最近，小儿子吃饭也吃得很好，不再偏食，在小区所有同龄的孩子里，他的个子是最高的。

崔贤淑　成贤和成洙的妈妈

29

适合4岁孩子的维生素和其他营养素

“恩载是那种哪怕喂一勺饭都很费劲的孩子，不知道他为什么那么不喜欢吃东西，每次吃饭都十分困难。不好好吃饭，肯定无法均衡摄取营养”。

儿童营养补充剂通常是以维生素A、B族维生素、维生素C、维生素E、钙、镁、铁等维生素和矿物质为主要成分。维生素A可以提高免疫力，对皮肤也有很好的帮助；B族维生素可以刺激食欲，促进生长，还有预防贫血的功效；维生素C可以缓解疲劳，有助于缓解感冒病毒引起的症状；维生素D是强健骨骼的补充剂；维生素E则可以调节体内激素水平，促进血液循环。矿物质中的钙、镁、铁，对于血液和骨骼都有很好的作用。

4岁孩子正处于旺盛的生长期，从日常的食物中摄取均衡的营养是最好的。不过专家也建议，如果孩子偏食严重，或者活动量过大，同时吃饭情况又不好，或是特别喜欢快餐食品的话，可以考虑补充一些维生素制剂。

维生素和其他营养素应该怎么吃

多吃不一定好　现在市面上的维生素片剂，颜色鲜艳、味道香甜，因此孩子很容易把维生素当成糖果来吃。但是，无论怎样，维生素都是一种外来物质，服用的时候，必须要

Tips 通过维生素制剂保持营养均衡

女儿一一每次吃饭的时候，妈妈裴慧真都如同是经历了一场战斗。一一不爱吃饭，而且偏食严重，特别是蔬菜，几乎一口不吃。即使把菜切碎放进鸡蛋羹或者炒饭里，她也会一点点地挑出来。裴慧真非常担心，因为长此这样，孩子根本无法摄取到均衡的营养。目前，孩子正处于长身体的阶段，摄取维生素是很重要的，所以裴慧真给孩子选择了一些维生素制剂。当然，尽量想办法让孩子好好吃饭还是最重要的，不过如果孩子偏食严重，适当服用一些维生素制剂，也是不错的选择。

定量，而不是吃得越多越好。

选择适合孩子的产品　在补充维生素及其他营养素的时候，必须先要搞清楚孩子到底缺什么，然后再选择值得信赖的产品。

不过分依赖维生素制剂　民间有句话是这样说的，“饭是最好的良药”，一定要记住，从食物中吸收营养是最好的。除了孩子生病或是完全拒绝吃饭的时候可以补充维生素制剂，其他时候尽量不要过分地依赖维生素制剂。

定量服用　如果过量摄取维生素A，不但对大脑发育没有好处，还会引起腹痛和肝肿大。过量摄取维生素D，会影响铁的吸收，并引起尿道结石。过量摄取维生素C，则会导致腹泻，因此都要特别注意。

根据不同的症状补充相应的维生素制剂

1 不爱吃饭，很容易感到疲倦——B族维生素。

2 嘴角溃疡或口鼻周围出现脂溢性皮炎——维生素B_2。

3 动作稍微剧烈些就会感觉累——维生素B_{12}。

4 出牙晚——维生素C。

5 视力突然下降——维生素A。

6 特别喜欢吃甜食——钙。

30 家庭自制的食疗方和有益健康的食物

对抗感冒发烧的中医疗法

生姜茶　生姜有发汗的作用，能够起到退热的效果。因为姜的味道比较浓重，所以最好放在粥里给孩子吃。另外，冬天时常喝点生姜茶，也可以预防感冒。

牛蒡汁　牛蒡汁可以缓解伴随发烧出现的咳嗽、头痛、咽痛等症状，适用于各种感冒。把牛蒡切碎榨汁，然后与水按照1：1的比例混合饮用。如果孩子不肯喝，可以加一些糖，让口感更好些。

对抗流鼻涕的中医疗法

甘草大枣茶　在各种民间疗法中，经常会使用到甘草和大枣，这两种东西对于感冒有很好的疗效，还能缓解各种炎症。尤其是鼻塞、流鼻涕的时候，喝一些甘草大枣茶，会感觉舒服很多。把15克大枣和2克甘草同煮，然后一点点地喂给孩子。

葱敷　鼻塞的时候，葱敷会有很好的效果。将大葱的葱白部分切成适当的段，烤到边缘发黄的程度，然后用毛巾或纱布包好，进行热敷。

对抗咳嗽的中医疗法

松子粥或核桃粥　松子和核桃都能够增强免疫功能，对咳嗽有很好的疗效，特别适合患有哮喘的孩子。先煮好大米粥，然后撒入松子（或核桃）再煮一会儿即可。做核桃粥的

可以在家里制作的中医药膳

山药粥 山药中含有丰富的蛋白质和维生素，对孩子的成长非常有益。可以把山药切碎，与大米一起煮成粥食用。

黄芪参鸡汤 鸡肉可以强健肌肉和骨骼，并且能够益气养血。身体虚弱并经常得病的孩子，很适合食用参鸡汤。黄芪具有调节汗液分泌的效果，对经常出汗的孩子会有不错的治疗效果。但不适合经常发烧的孩子。

水参奶昔 水参有一种苦味，孩子通常都不太喜欢，所以最好配合牛奶一起食用。将切碎的水参和牛奶、冰块、蜂蜜混合，可制作成美味的水参奶昔。

时候，记得一定要去皮。

五味子茶 咳嗽严重的时候，可以饮用五味子茶。取30克五味子，放入4杯水，煮30分钟以上，每天3次，趁热饮用。

让厌食的孩子喜欢吃饭的中医疗法

萝卜汁 取萝卜汁，三餐后服用，每次30毫升。

水（人）参粥 将粳米放入容器中，大火煮开后，放入切好的水参60克或人参粉6克，熬煮成粥。粥煮好后，加入适量红糖，早餐前空腹食用，对食欲不振和慢性腹泻有非常好的疗效。

山药粥 将8～15克山药粉放入够食用一天的粥中。山药中含有能消化碳水化合物的淀粉酶，可以帮助消化，并且能增强脾胃功能。

让孩子更聪明的中医疗法

核桃粥 核桃的形态和大脑类似，自古以来，它就被看作补脑佳品，可以多给孩子吃一些。特别是在孩子身体虚弱或出现咳嗽的时候。将40克大米压碎，混入10克核桃，熬煮成粥。如果孩子出现腹泻，就要把量减掉一半。

芝麻豆腐汤 将海带和凤尾鱼煮成汤，然后把原料捞出，加入酱油和盐，再加入10克芝麻粉，开锅后放入豆腐，略煮即可。

白茯神粥 白茯神是一种寄生于松树根部的菌类，也是一种与治疗精神疾病有关的药材，可以稳定情绪。在40克大米中放入5克白茯神，煮成粥食用。

31

会引起各种并发症的小儿肥胖

儿童肥胖的治疗之所以显得格外重要，是因为成人肥胖是脂肪细胞变大，而儿童肥胖是脂肪细胞的数量增加，既难治疗，又容易复发。

“京恩从很小的时候胃口就特别好。而且吃东西的样子非常可爱，每次吃东西都显得非常满足，让人不忍心拒绝她的要求。因此，京恩长成了一个小胖墩，而且她每次从幼儿园回来，第一件事就是去冰箱里找东西吃。从4岁开始，我们就越来越担心，京恩是个女孩子，如果一直这么胖下去可怎么办呀？”

2岁之前，每个孩子都会带有一些“婴儿肥”，但到了4岁以后，这种“婴儿肥”就会慢慢消减下去。如果到4岁以后，体重仍然超标，而且食量很大的话，就要怀疑是否患有小儿肥胖症。根据韩国婴幼儿标准发育表显示，4岁男孩的标准体重是18千克，女孩的标准体重是17.3千克（译注：按照中国的标准计算，4岁孩子的平均体重大约为15～16千克）。

韩国议政府天主教大学医学院附属圣母医院的金英勋教授提到，小儿肥胖发展为成人肥胖的可能性大约为80%左右，说他们是成人病的预备军毫不为过。更为严重的是，和成人肥胖相比，这类孩子患高血压、高脂血症等并发症的可能性非常高。而且来自精神方面的压力，也会成为一个令人困扰的问题。现在的孩子，对外貌都很敏感，4岁以后，已经会取笑其他小朋友是“小胖墩”了。金英勋教授认为，在孩子4岁的时候，最重要的就是让他们养成良好的饮食习惯，并检查是否存在小儿肥胖症。

为什么会出现小儿肥胖

遗传因素 如果父母都比较胖，那么孩子出现肥胖的可能性将达到80%。如果只有母亲肥胖，这个几率是60%；如果只有父亲肥胖，孩子出现肥胖的可能性则是40%。

环境因素 如果孩子平时的食物以高脂的肉食为主，而且喜欢吃甜食，缺乏运动，每天大部分时间都坐在电视机前，这样的孩子出现肥胖的可能性非常高。4岁的孩子，通常都会学习父母的生活习惯，所以在这个阶段，环境因素常常是小儿肥胖的主导因素。

心理因素 有些孩子在心理状态不稳定，或者是感觉缺少关爱的时候，就会把注意力放在食物上，出现暴饮暴食的情况，希望通过饱腹感来获得心理上的安慰。

小儿肥胖引起的并发症

据统计资料显示，在韩国的小学生中，10个孩子中就有3~4个孩子出现肥胖。而在这些肥胖儿中，有30%左右还患有高血压、糖尿病等并发症。下面就让我们来了解一下小儿肥胖引起的四种危险的并发症。

精神障碍 4岁的孩子刚刚开始具备社会性，对他们来说，肥胖将是一块令人头痛的绊脚石。而且，即使是4岁的孩子，也有大量机会接触到各种广告和媒体，现在的宣传很容易让孩子产生“胖是不好的”想法。实际上，4岁孩子出现肥胖以后，还会感受到来自同龄小朋友的嘲笑，从而陷入忧郁或是情绪焦虑中。

高血压 患小儿肥胖的孩子大约有70%~80%将来会转

化为成人肥胖。因此，高血压的患病率也会比较大。

高脂血症和动脉硬化 由于小儿肥胖，使得血液中的胆固醇增加，很容易沉积在血管壁上，引起动脉硬化。

糖尿病 儿童肥胖容易引起内分泌功能紊乱，增加患2型糖尿病的几率。

以上四种并发症，除了先天因素或者遗传因素外，最常见的原因就是肥胖。摄入的碳水化合物过多易引起糖尿病，摄入饱和脂肪过多易引起高脂血症、高血压，这些疾病严重时可能还会出现肾衰竭、心脏病、脑卒中、失明等。孩子通常无法依靠自己的意志力控制饮食、坚持运动，而且有时由于压力过大还会让他们患上忧郁症。所以，一旦出现小儿肥胖，应尽快治疗。

小儿肥胖的治疗

食疗 4岁是孩子最重要的生长期，必须要保证摄取充足的蛋白质，并且控制碳水化合物及脂肪的摄入量。另外，还有一点要特别注意，就是要把一天需要摄取的热量均衡分配到一日三餐以及两餐间的点心中。可以多给孩子吃一些应季的水果、蔬菜、鱼类等。热量相同的情况下，体积较大的食物，对孩子会更好。绝对不要使用会妨碍正常生长的减肥药物或节食疗法。对于那些禁止孩子吃不健康食物的父母，最好能以身作则，做到自己也不吃。

运动疗法 父母要帮助孩子养成每天运动的习惯。可以选择孩子感兴趣的一些运动项目，坚持每天活动30～60分钟。跑步、游泳、骑自行车等有氧运动都是不错的选择。

远离小儿肥胖的八项原则

规律饮食 妈妈必须监督孩子，不能让孩子一感到肚子饿就去开冰箱。只能在用餐时间才能吃东西，感觉有点饿时要尽量忍耐。否则，孩子饭前吃了大量零食，就不会好好吃正餐了。

两餐之间只吃很少的食物 这个时期的孩子，正处于生长时期，对能量和营养的要求较高，所以不给孩子任何加餐也是不可行的。但一定要避免快餐食品，可以选择少量应季的水果作为点心。

选择土豆、红薯等富含膳食纤维的食物作为点心，避免快餐食品 糖果、蛋糕、快餐里含有大量的糖分和油脂，经常吃会使体重增加很多。所以妈妈必须要多花些心思，帮助

Tips 多进行户外活动

正尹4岁的时候就去儿童之家了，可这也给妈妈秋贤淑带来了新的烦恼。儿童之家的老师说，正尹非常爱吃，而且吃的速度很快。每天吃的东西几乎是其他孩子的两倍，因为吃得太快，好像没有嚼就直接咽下去了。而且和小朋友打架，或者心情不好的时候，他会吃得更多。于是秋贤淑开始思考，正尹是不是有什么压力，后来她发现问题出在儿童之家上。因为正尹非常好动，而儿童之家大多是室内活动，所以他只能用吃来代替运动。后来秋贤淑选择了一家以户外活动为主的幼儿园，而且她也开始在家里纠正正尹吃饭快的习惯了。秋贤淑发现，原来正尹的爸爸吃饭速度很快，虽然正尹的爸爸这个习惯纠正起来不容易，但是经过努力，他还是慢慢地有了改善。此外，为了让孩子能多嚼一会，秋淑贤特意准备了糙米饭，还有大量蔬菜。现在，正尹已经非常喜欢上幼儿园了，因为那里可以让他在户外尽情地玩耍，而且，他吃东西的欲望也不再那么强烈了。

孩子养成正确的饮食习惯。

和孩子一起制订用餐计划　当孩子看到某些食物，吵闹着想要吃的时候，一定要耐心地跟他（她）解释那些东西为什么不能吃，并且告诉他（她）吃哪些食物是对身体有好处的。然后和孩子一起制订用餐计划。

不要饿孩子　如果孩子饥饿过度，就会出现下一顿暴饮暴食的现象。而暴饮暴食会让孩子更加依恋食物，从而引起肥胖。

吃饭时要细嚼慢咽，每餐用时最少15分钟　妈妈要指导孩子在吃东西的时候细嚼慢咽。吃饭时，可以通过和孩子聊一些有趣的话题达到这个目的。另外，还可以准备一些富含膳食纤维的食物来延长咀嚼时间。

在固定的地方吃点心　不要让孩子一边看电视一边吃东西。这样的话，就会在不知不觉中吃得很多。即使是加餐的点心，也要和正餐一样，在固定的地方吃。

不要用食物进行奖惩　“你要是收拾玩具，妈妈就给你吃巧克力”，父母一定不要用食物作为奖惩的手段。如果这样做的话，孩子就会把所有的事都与食物联系在一起，从而更迷恋吃东西。

32

通过检查找到过敏原

“一到春天空气中充满了花粉，延秀就会一天到晚地打喷嚏和流鼻涕。症状就像是感冒，但吃药却没什么效果。”妈妈金恩希带着延秀就医，医生的回答出乎她的意料：孩子的病不是感冒，而是过敏。关于过敏，简单地说，就是人体免疫系统对外来物质表现出的过度反应。过敏包括瘙痒、红肿等皮肤过敏，以及过敏性鼻炎或支气管哮喘等呼吸道过敏，此外还有过敏性皮炎等。特别是过敏性鼻炎或哮喘，因为症状类似于感冒，很容易用错药物。

“如果皮肤上一直出现红疹，或者有哮喘、过敏性鼻炎等症状，最好能尽快接受过敏原检查。”韩国议政府天主教大学医学院附属圣母医院的金英勋教授建议，通过过敏原检查，找到过敏原因，只有消除了过敏因素，才会对治疗有帮助。引起过敏的物质有很多种，比如尘螨、蟑螂的表皮或碎屑、宠物的毛发、花粉、奶粉、鸡蛋、牛奶、花生、面粉等。

什么是过敏原检查

过敏原检查是为了搞清楚孩子到底是因为什么引起的过敏。检查包括血液检查和皮肤反应检查。通过检查结

引起过敏的原因有哪些

遗传或体质虚弱 如果父母全都是过敏体质，那么遗传给孩子的可能性将会超过80%。另外，即使不是遗传，体质虚弱的孩子，也很容易出现过敏。

过敏原 引起孩子过敏的最常见食物有鸡蛋、花生、面粉、海鲜等蛋白质含量丰富的食物。

环境污染 环境污染和城市化与过敏性皮炎的发病有着紧密的关系。即使孩子出生的时候是正常体质，但如果一直受到毒性物质的侵害，也会影响健康，个别污染物质也会引起过敏。

果，可以告诉孩子须要特别注意避免接触的食物或物质。要注意的是，如果已经服用了感冒药，要在服药一周后再进行过敏原检查。因为感冒药中含有抗组胺成分，会影响到检查结果。

消除过敏因素

消除螨虫 尽量避免使用地毯、毛绒玩具等可能带有螨虫的物品，房间的湿度要保持在50%以上。被褥、枕头等要经常晾晒。

消除真菌 要经常打扫鞋柜或浴室等容易出现细菌的地方。夏天使用空调的时候，要保持适当的湿度。室内湿度最好维持在35%～45%，并且要经常通风换气。

食用应季新鲜的蔬菜 要尽量避免食用含有添加剂或人工调味剂以及转基因的食品。多食用应季的新鲜有机蔬菜，对改善过敏体质会很有帮助。

韩国東草涵小儿中医院的申东吉院长认为，“过敏是因为免疫系统出现了问题，所以提高免疫力是对抗过敏最重要的手段。”过敏是一种很难找出明确原因的病，很多人可能会因此而放弃去医院就诊，转而尝试一些民间或是从老人那里听来的偏方。这样做显然是不妥当的。一定要明确，虽然过敏的诊治比较麻烦，但如果能提高孩子的免疫力，还是可以治愈的。

33 提高免疫力，远离过敏

多吃应季的有机食品

从过了百日以后，夏贞就经常出现过敏症状，这让我一直很揪心。开始的时候，夏贞只是两颊发红，有轻微的溃烂，后来脖子和腿的褶皱部分也开始化脓。为此，我把孩子的食物全部换成了有机农产品。从夏贞周岁开始，我控制了一切会引起过敏的食物，快餐食品更是一口不让她吃，外出的时候，也都会提前准备好孩子的食物，尽量不吃外面的东西。在我的努力下，夏贞的过敏症状逐渐消失。现在，夏贞已经3岁了，皮肤白净，非常漂亮。明白了食物的重要性以后，我已经把全家的食品都换成了有机产品。

吉孝真　夏贞的妈妈

改变玩耍的环境

我一直无法忘记，由娜4岁时，儿童之家举办聚会的前一天晚上，因为过敏引起的瘙痒，让由娜一夜都没有睡好，皮肤都被她抓破了，血迹弄脏了被子。我看了以后非常心疼，就用绷带把由娜挠破的地方裹了起来。裹的时候，我一直在掉眼泪。我觉得，由娜之所以会这样，都是自己造成的。当初怀孕的时候还要上班，每天承受着很大的压力，饮食也不规律。这件事之后，我开始积极地改变孩子的生活环境。因为还要上班，所以不得不把由娜送进了幼儿园。原来的幼儿园在城里，现在我把孩子转到了一家位于山脚下的幼儿园。在这里，孩子可以更多地亲近大自然，而且每天的食品也都是有机的。慢慢地，由娜夜里因为瘙痒而哭闹的次数越来越少了，看来我的选择是正确的。

金恩智　由娜的妈妈

多摄取维生素

我听说维生素对过敏有很好的疗效。维生素C和维生素A可以修复受损的组织，起到抗氧化作用。不过，我并没有给右真大量服用维生素制剂，而是选择了通过食物补充的方式。进食蔬菜、谷物、水果等食物，不但能够摄取维生素，吸收矿物质和其他营养物质，而且能够避免因为过度摄入维生素而产生的毒性。开始的时候，右真总是不肯吃蔬菜，于是我就告诉他，“蔬菜可以把右真的过敏全部带走哦”，现在右真已经爱上吃菜了。

夏秀英　右真的妈妈

内向、缺乏自信的喜剧大师——卓别林

孩子的才能应该早发现，早培养……可是，你是否很困惑，自己的孩子到底有什么才能呢？其实，孩子的才能不是在某一天早上“嘭”一声跳出来的，妈妈要不断地观察和关注孩子的一切。小胡须、细手杖、大号裤子及皮鞋，听到这些你会想到谁？没错，就是举世闻名的喜剧大师查理·卓别林。他的表演给大家带来了无数欢乐，其实他在孩提时代却是个非常内向、腼腆的孩子。而从这样的卓别林身上发现其表演才能的人，就是他的妈妈汉娜。卓别林出生于一个演艺家庭，父母都是艺人。你可能会认为，出生在这样的环境里，具有艺术才能是理所当然的事。但是在汉娜发现儿子的才能之前，没有人会把小卓别林与演员联系在一起。而当汉娜发觉儿子是个可塑之材以后，就开始教他哑剧和舞蹈。

“查理，刚才经过窗户的叔叔是什么样子？”或“查理，花店的小姐是什么表情？”汉娜经常让卓别林观察路上的行人，并模仿他们的样子。当卓别林模仿不出来的时候，汉娜从来没有指责过他，而当卓别林做得很好的时候，汉娜就会大大地夸奖他。汉娜告诉胆小并缺乏自信的卓别林，“你一定会成为全世界最有名的演员！妈妈相信你！”

如果汉娜没有发现卓别林的才华，那么还能有那个带给我们快乐的大师吗？你是否为了培养孩子的才能而强迫他（她）去学习钢琴、美术、英语呢？但是请不要忘记，其实孩子的才能不是靠上补习班获得的，而应该是在妈妈的关怀中慢慢成长起来的。

译注：查理·卓别林（1889—1977）是世界著名的喜剧大师。他毕生致力于电影艺术，主演过80多部影片，以独特的表演风格和辛辣的讽刺给全世界的观众带来了无穷的欢乐和回味。

Part 04

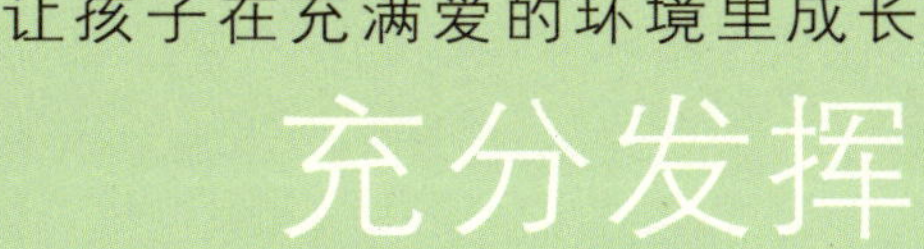

让孩子在充满爱的环境里成长

充分发挥 父母职责

34

让孩子感受到爷爷奶奶的疼爱

有些孩子的爷爷奶奶住在其他城市，只有节假日的时候才能去看望，或者即使老人家住得很近，但也不能经常见面。如果不是那种请老人来帮忙照顾孩子的家庭，可能让孩子去爷爷奶奶家的机会都不太多。

但是，父母还是应该让孩子多和爷爷奶奶在一起。即使家庭形态发生变化，爸爸妈妈已经把全部的爱都给了孩子，但对于孩子来说，爷爷奶奶依然是非常珍贵的亲人。爷爷奶奶的疼爱，可以很好地弥补父母关怀中缺失的爱。一般孩子到了一两岁以后，他们已经可以理解“爸爸妈妈也是有父母的”。到4岁的时候，孩子已经知道自己是谁的孙子或孙女，并且对家族的构成有了大致的了解。特别是去爷爷奶奶家，看到爸爸小时候玩过的玩具、穿过的衣服，还有以前的老照片，对孩子来说，都是一种新鲜的刺激。尤其是大家庭长大的孩子，大多注重礼仪，而且社会性很强。父母经常带孩子去爷爷奶奶家，可以培养孩子的家庭观念，而且，爷爷奶奶也可以成为孩子很好的玩伴，给孩子讲很多古老的故事，让孩子感受到与父母不同的情怀。

35

在幽默中培养孩子的自信

在教育技巧中，幽默是一种很有效的方法。通过幽默的方法，可以让孩子成长得更健康，社会能力也会增强。特别是4岁的孩子，正处于语言发育的均衡期。想说的和想听的都很多，而在这个时期培养孩子的幽默感，对于孩子形成健全的性格以及语言认知发育都很有好处。父母只要能够迎合孩子的突发奇想，就可以很好地提高孩子的幽默感。即使父母没有什么特别的“幽默细胞”，也没关系，只要父母能够知道在什么状况下，对孩子作出怎样的回应就可以了。

生活中的幽默育儿法

即兴表演　父母给孩子读书的时候，可以加入各种动作和表情。如果故事里出现公主，妈妈就要扮成公主，出现大灰狼的角色，爸爸就要扮演大灰狼。即使不擅长也要努力去做，偶尔在孩子面前出丑并不是坏事。

迎合与帮腔　父母要尝试站在孩子的立场，用孩子的眼光去看待事情。就算孩子的发育比其他孩子慢，很多表现与其他孩子不同的时候，妈妈也不必着急和担心。如果别的孩子都说老鹰真可怕，而你的孩子却说“老鹰真可爱！”妈妈可以迎合着孩子说，“你不害怕吗，还觉得它可爱？嗯，好像是挺可爱的！”这样可以很好地培养孩子的幽默感。

抛开大人的威严 妈妈一定要抛开大人的威严。4岁的孩子，就应该做4岁孩子做的事，说4岁孩子说的话。有些妈妈对孩子的要求过分严格，在一本正经严格教导下长大的孩子，是很难产生幽默感的。

幽默育儿法的三个效果

无论大人还是孩子，幽默都可以产生良好的效果。第一，幽默可以培养孩子的创造力。那些思维敏捷，经常能想出好点子的人，大多数都很有幽默感。在目前这个信息化的时代，创造性远比埋头苦干更重要。因此，来自于各种奇思妙想的幽默感是培养孩子创造性的一个最佳方法。第二，幽默可以培养孩子的社会性。如果孩子小时候没有培养他（她）的幽默感，成年以后，就很难再产生幽默感了。如果父母本身就性格内向，不苟言笑，那么从现在开始，努力变成幽默的父母吧。会表达自己的思想，不以自我为中心，可以防止孩子在成年以后成为社会的弃儿。第三，幽默可以让孩子更加健康。真正健康的孩子，身体和精神都应该保持健康状态。如果孩子不爱笑，不爱吃饭，或者经常感冒，不妨试着在幽默中寻找解决办法。父母经常和孩子一起大笑，也可以帮助他（她）长成一名有幽默感的孩子。

HDC幽默开发教育院院长　金真备

Tips 掌握各种幽默技巧

让事情顺利发展的技巧 当看到孩子房间凌乱的时候，妈妈不要说，“把你的床整理好”，可以用一种幽默的方式来代替，比如可以对孩子说，“妈妈今天早上从你的床旁边经过，听到床正在喊，‘快帮我把被子铺好，我好冷呀’”，这样一来，孩子会很开心地跑去整理房间。

改变孩子固执的技巧 幽默可以阻止孩子的一些攻击性行为。4岁的贤俊看到弟弟用尿布，自己也非要用。于是，妈妈就真的给他垫了一块，而在妈妈迎合了贤俊的要求以后，他自己也很快发现，尿布并不适合自己，就不再固执了。

随机应变的幽默 孩子有时会做出一些很可笑的行为，父母可以适时地幽默一下。但是一定要分清楚哪些事可以开玩笑，哪些事是不能开玩笑的。

let's
look at
shapes
let's
look at
shapes

36 好妈妈与坏妈妈

妈妈的想法和态度常常能够左右孩子的成长。成为一个完美的好妈妈，是所有妈妈的愿望，但在现实中，这却是不可能的。不过，每一个妈妈都可以为成为一个完美的好妈妈而努力。

好妈妈

有两张面孔的妈妈 妈妈是一个很奇妙的角色，有时要拉长脸，有时又要笑容可掬。有时候，刚沉着脸和丈夫吵完架，马上又要变成一副天使的面孔去面对孩子。这不是妈妈善变，而是因为妈妈知道，不该让孩子感受到无谓的压力。

敏感的妈妈 孩子还无法用语言准确地表达出内心的想法，更多的时候，他们还是在用表情、眼神或四肢的动作来表达自己的情感。作为一个好妈妈，应该能够迅速发现孩子的变化，并且知道如何应对孩子的变化，如何调整与孩子之间的关系。

对孩子的要求立刻作出反应的妈妈 作为妈妈，应该能够迅速掌握孩子的内心活动，然后给他（她）一个温柔的笑，或是找个有趣的话题跟他（她）聊聊天。营造一种舒适的氛围，让孩子内心获得平静，这也是妈妈的责任。

可以把孩子的人生与自己的人生区别开的妈妈 有时妈妈过多的期望反而会伤害孩子。那些因为孩子没有达到自己的要求而去责骂孩子的妈妈，是因为从来没有把孩子当作一个独立的个体。每一个孩子都拥有属于自己的人生，如果父母总想替孩子去设计人生，只能是适得其反。妈妈有妈妈的生活，孩子有孩子的生活，彼此都保留充分的自我空间，才能让育儿过程快乐又顺利。

了解育儿重要性的妈妈 如果有强烈的愿望，想要把孩子培养成一名优秀的人，这样的妈妈会觉得育儿是件重要而快乐的事。也有些妈妈只看到了眼前，觉得养育孩子就意味着麻烦和不便，对这些妈妈来说，育儿不但无乐趣可言，反而让人烦恼和不愉快。

坚持育儿学习的妈妈　每个妈妈可能都为孩子的固执烦恼过。如果你是一个对孩子的生长发育过程都充分了解的妈妈，你就会知道，孩子目前正处于怎样的阶段，就能轻松地去面对。如果妈妈对此不了解，就会对孩子感到厌烦，甚至发脾气，这也会让孩子对妈妈产生信任危机，进一步造成妈妈的育儿压力。

懂得接受丈夫与邻居帮助的妈妈　明智的妈妈，在育儿过程中，并不会感觉到很大的压力。因为她们懂得如何分散压力。抱怨只会让压力增加，而不能解决任何问题。在与孩子的相处中产生了压力，妈妈只要稍微退一步想，就会觉得，其实并没有什么大不了。

坏妈妈

大喊大叫的火山爆发型妈妈　有些妈妈会冲着孩子大喊大叫，指责孩子的错误，甚至扔东西、打孩子。在这种妈妈身边长大的孩子，从认识到自己的错误开始，就会陷入恐惧的状态中。有些孩子会深深地低下头，一句也不为自己辩解，有些孩子则表现出强烈的攻击性。

沉默型妈妈　有时孩子犯了很大的错，妈妈即使非常生气，但在行为表现上好像什么事都没发生一样，她会一边说，“妈妈没关系”，一边保持沉默。这种类型的妈妈，平时也不会坦率地表达自己的感情，喜怒不形于色。而在这种环境中长大的孩子，不懂得表达情感的方式，同时也会下意识地隐藏自己的感情。

没有反应，无表情妈妈　当孩子做错事的时候，有些妈妈不会作出任何反应。其实妈妈的内心非常生气，但却不知道应该怎样表达。而当孩子犯错的时候，如果妈妈既不指出来，也不表示生气，孩子就无从知道错误的严重性，自然也就不知道应该如何去纠正。而这样的妈妈，如果在忍耐之后再爆发的话，会让孩子感到手足无措。

总把孩子和父母做比较的自大型妈妈　有些妈妈在孩子表现不佳的时候，就会把孩子与父母自身进行比较，并呵斥孩子，“爸爸妈妈那么文雅，你怎么是这个样子？”这样做的结果，不会让孩子去反省错误，而是会让他（她）产生自卑感，认为自己不如爸爸妈妈，自己很笨。如果经常重复这种情况，孩子容易对自我产生扭曲认识，出现负面的情绪。

总想把孩子抱在怀里的过度保护型妈妈 现在的孩子都如同温室中长大的花朵，常常难以适应现实环境。必须有人随时为他（她）调节温度，随时给他（她）浇水施肥。如果孩子一直处于妈妈的过度保护中，虽然不会出现什么大问题，但是，当他（她）在与其他孩子相处的时候，就会显示出弱势。比如无法面对挫折，动不动就哭等。

忌妒心强的好强型妈妈 这种妈妈总是拿自己的孩子与其他孩子进行比较，无法忍受自己的孩子不如别人。总想让孩子学得更快、更多，成为“优秀的孩子”，甚至衣服、鞋子也要比别的孩子更好、更漂亮。身边有这样的妈妈，常常会让孩子感到很辛苦。长此下去，孩子的妒忌心也会变强，最后变得目中无人。

没有自信的妈妈 很多妈妈抱有这样的想法，“我什么也不懂”或者“我不像别的妈妈那么能干”，而孩子最不喜欢的，就是没有自信的妈妈。在这样的妈妈身边长大，孩子也会变得没有自信。父母的自卑往往会传递给孩子。这样的妈妈孩子很喜欢：她虽然没有上过什么学，也没有很棒的工作，但是她很会做饭，乐观开朗，可以让全家人都保持健康、快乐。

Tips 我是合格的父母吗

1 每天拥抱孩子，或者温柔地抚摸孩子。

2 每天最少称赞孩子一次。

3 每天坚持和孩子一起读书。

4 喜欢和孩子一起寻找一些可以共同玩的游戏。

5 虽然孩子还很小，但在做决定的时候，还是会尊重孩子的意见。

6 经常和孩子聊天。

7 坦率地告诉孩子自己的感情。

8 每天都对孩子说一些鼓励的话。

结果分析

6条以上：对子女有着良好的态度。

4～5条：应对子女进一步关心和了解。

4条以下：缺乏对子女的关心和了解。

37

如果孩子把童话中的事当做现实

“妈妈，要是恐龙出来把我们都抓走吃掉怎么办？”读了一本关于恐龙的书后，孩子露出了一脸的恐惧。虽然妈妈一直在跟孩子解释，恐龙是不会出来的，可是孩子好像无法理解妈妈的话，一直忧心忡忡的。这个时期的孩子，还无法完全区分现实与虚幻的差别。他们相信童话或电视中出现的事情都是真的。这也是一个想象力丰富的时期，语言能力在迅速发展，常常会把听到的或是知道的东西混在一起说出来，或者突然冒出一个想法，虽然不能判断真假，但也会即兴说出来。比如有的孩子会这样说，“妈妈，冰箱里的鸡蛋变成小鸡了。”

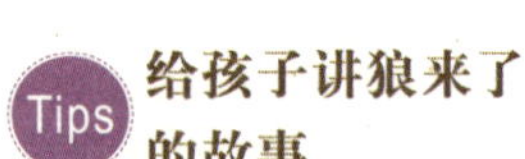

给孩子讲狼来了的故事

成贤上幼儿园以后，学会了说谎。比如他有时跟妈妈李英美说：“老师总是打我”，或者“在幼儿园没有吃饭”等。开始的时候，妈妈还以为是真的，后来才发现是成贤在说谎。成贤反而一边拍手一边嘲笑，“妈妈，我骗你的，我骗你的”。妈妈给他讲了好几遍狼来了的故事，还一边讲一边表演，帮助孩子加深印象。当成贤每次说谎的时候，妈妈就会跟他说“你的鼻子好像变长了哦”或者说，“原来你是放羊的小孩呀”，慢慢地，成贤说谎的毛病没有了。

用谎言连接的虚幻与现实

这个时期的谎言，很多情况都是在想象的基础上发展出来的。孩子说出来的，是他们所认为的现实，但在大人看来，却成了谎言。当孩子说这种谎话的时候，如果父母的反应过分敏感，会让孩子产生自责，造成负面的影响。因此，如果妈妈认为孩子说的是谎话，首先必须弄清楚，孩子对于自己所说的话，到底理解到什么程度。比如听孩子说完以后，可以说，“妈妈是这么想的”，把孩子的话接过来，加入现实，再讲给他（她）听。让孩子把想象的东西画出来，也是让孩子将想象与现实区分开来的好方法。这种下意识的谎言，最常出现在3～4岁的孩子身上，而到了学龄期以后，这种现象在大部分孩子身上会慢慢消失。要引起父母注意的，是那些有目的的谎言。大部分情况下，孩子说谎都是为了引起父母的注意。比如“我肚子饿了”或者“弟弟抓我”，这些话的潜台词其实是，“请关心一下我”。因此在这个时期，当孩子说谎的时候，父母必须先检讨一下，是否陪孩子的时间太少，或者平时不够关心孩子。

当孩子想象力过度的时候

在孩子极度焦虑的时候，要安慰孩子　孩子无法区分想象与现实，因此就会产生焦虑和恐惧，这时候，父母一定要安慰孩子，让孩子的心情平静下来。有时，看到电视里警察抓坏人的场面后，孩子就会问妈妈，“妈妈，要是我做错了事，警察叔叔也会把我抓走吗？”这时，妈妈可以这样回答孩子，“因为那个人非常非常坏，所以警察叔叔才把他抓走，我们宝宝很乖，警察叔叔还会夸你真漂亮呢”。

不要和孩子争执不休　有时候，妈妈和孩子会为了电视里的事情是真是假而争执不休。比如，当电视里出现一个餐厅，孩子说是肯德基，而妈妈却认为孩子说错了，想要纠正他（她）。但是孩子却固执地坚持自己的看法。如果孩子一直坚持，妈妈可能会因为着急，大声呵斥孩子。但事后，自己可能也会觉得这种场面很可笑。在日常生活中，这样的事情也是在所难免的。其实对这些无伤大雅的小事，妈妈最好还是肯定孩子的看法，以后让孩子自己慢慢地醒悟。

韩国延世神经科附属小儿青少年神经科医院医生　孙硕汉

38 用奖励图表激发孩子的积极性

在各种奖励制度中，图表是很多父母经常使用的方法。奖励图表的优点是，可以让孩子直接看到发展过程，他们会为了获得奖励而努力。

充分利用奖励图表

很多父母都会选择使用奖励制度对孩子的行为进行纠正和表扬。奖励制度确实能够刺激孩子的行为动机。不过，不能让孩子在每次做出正确的行为时都期待奖励。一定不要忘记，奖励只是父母为了引导孩子实现设定目标的一种方法，目的是让孩子能够控制自己，并对自己的行为负责。

绘制奖励图表

当某些方法对改变孩子的行为没有效果的时候，奖励图表可能成为一种很好的刺激方法。最常用的奖励图表是点线连接。在一张白纸上，让孩子画上他（她）喜欢的图画，然后，沿图画边缘点上点。每当孩子成功完成一件事的时候，就让他（她）自己连上两个点。当把所有的点都连上以后，就可以得到奖励。使用这种奖励图表的目的，是为了让所有的人看到证据。使用图表，不仅让孩子感觉很有趣，还要经历一个互动的过程，所以效果会很好。通过这种方法，可以逐一纠正孩子那些不当的行为，让孩子慢慢接受正确的行为方式。随着孩子逐渐长大，使用图表的次数将减少，而孩子也就逐渐具备正确行为的能力了。

Tips 使用小卡片

4~8岁的孩子最好使用卡片。当孩子做了好事，或是听从父母话的时候，可以给他（她）一张卡片，并且告诉他（她），当卡片攒到一定数量以后，就可以得到奖励了。可以使用各种不同颜色的卡片。另外，妈妈还可以和孩子一起制作保管卡片的盒子，以及通过卡片获得的奖励目录。

使用行为记录表

使用奖励图表的时候，如果再配合使用行为记录表（详见表4.1），效果会更好。对于一些孩子能独立完成的事情，例如按时起床、刷牙等做出评价。旁边再列出一栏奖励内容，例如看电影、玩轮滑、买新玩具、看电视、玩游戏、去小朋友家玩等。妈妈也可以用孩子想要做的其他一些事情来代替奖励。当孩子养成良好的行为习惯以后，就可以终止行为记录表的使用。如果终止以后孩子又出现了以前那些不好的行为，则要再次启用行为记录。

表4.1　孩子行为记录表示例

目标	评价	奖励内容
早上自己穿衣服	★	看15分钟电视
帮妈妈摆饭桌	★★	玩轮滑20分钟
早上按时起床	★★★	和妈妈一起外出
好好去幼儿园	★★★★	好吃的零食
……	……	……

制作奖励图表时的注意事项

1 遵守基本原则。必须要适合孩子的自身情况，让图表简单又有趣。

2 和孩子一起执行。让孩子协助妈妈制作图表，并且每天更新。

3 每次孩子得到奖励的时候，要立刻更新图表，把新的内容加进去。

4 把图表粘贴在醒目的地方。让孩子可以经常看到图表，了解进展过程。图表可以帮助孩子随时想起自己要做的事情，并且能看到自己的成长过程，增加他们的成就感。

5 制作图表的时候，相互之间要有关联性。对图上的连接点，可以粘贴小贴纸，或者用不同的颜色标记，以增加趣味性。

6 可以制作成记录两种类型的行为图表。例如制作一个为了治疗4岁孩子尿床的图表。没有尿床的那天贴一个小笑脸，如果尿床了，则贴一个伤心的小脸。每到周末检查一次，如果笑脸多，就可以带孩子去他（她）喜欢的地方吃饭。

7 缩短可以得到奖励的时间间隔。如果孩子没有上学，最好以一天为单位。不必完全按照日历的时间，可以用“从亲子园回来以后”这样的词，以事件为中心确定时间。因为孩子们还没有足够的耐心，所以要经常更换图表。

39 请抛弃独生子女都很自私的偏见

很多人觉得，独生子女没有礼貌、自私自利、目中无人，但是专家指出，有些孩子之所以会出现这些问题，完全是因为父母的错误教育方式所致。

统计显示，目前韩国的家庭中因为独生子女问题，去小儿精神科或儿童心理咨询所的人越来越多。大多数独生子女的父母坦言，自己的孩子与小朋友不能融洽相处，表现自私，稍不满意就会大发脾气，甚至哭闹不止，做事的时候过于胆小或者自卑。对此，很多专家认为，出现这种情况的原因并不是来自孩子，而是来自缺乏育儿经验的父母，是他们错误的方式把孩子培养成这种状态。

美国的社会心理学者纽曼博士认为，很多人因为教育费用太贵而少生孩子，孩子出生后可以在各种早教机构和幼儿园里接受到社会化教育，入学以后，这些机构和组织会集中教导孩子关心他人的方法，所以，即使是独生子女，也没有理由出现社会性降低的情况。和有兄弟姐妹的孩子相比，独生子女接受的都是一对一的直接教育，所以幸福感很强，学习能力也很突出。不要忘记，达·芬奇、安徒生、爱因斯坦等都是独生子。

抛弃对独生子女的偏见

偏见：缺乏勇气，骄傲自负 在以内向和外向的孩子作为对象进行的调查结果显示，遗传是造成这种倾向的最大原因。3~4岁的孩子已经可以上幼儿园了，因此就要提前体验与同龄小朋友的相处。而在性格形成方面，独生子女与有兄弟姐妹的孩子相比，并没有什么差异。如果感觉独生子女缺乏勇气，可能是因为他们没有其他孩子那么强的自理能力。虽然有些孩子在与大家相处的时候想要一意孤行，但是只要经历了挫折以后，就会慢慢学会怎样与人相处，之前的问题也就消失了。

偏见：喜欢一个人玩，缺少社会性 美国的社会心理学者纽曼博士认为，独生子女的这种特点，与社会阶层有着更加紧密的关联。虽然独生子女喜欢一个人看书，一个人搭积木，一个人听音乐，但是这些兴趣更多来自家庭环境的影响，而不是由是否独生决定的。美国一位儿童学博士指出，“不听从指挥，自己主导自己的事件，对儿童发育是非常重要的。”独生子女独立思考的时间要比非独生子女多，所以从自我开发的层面看，这是很有帮助的。通过幼儿园或学校等团体生活，独生子女会逐渐适应群体活动，社会性自然也能得到很好的开发。

偏见：没有礼貌，自私自利 丰富的物质生活会让所有的孩子变得没有礼貌，而不单单是独生子女的问题。孩子可以得到一切想要的东西，当然会形成以自我为中心的倾向。这样长大的孩子，对物质的欲望会越来越强烈。有些父母想要改变这种状况，于是就让孩子使用从别人那里借来的东西，并且对孩子提出的要求一概不允许，同时强调让孩子与朋友分享。但是对于4岁的孩子来说，这并不是一种正确的做法。因为这个时期的孩子，还无法理解分享的意义。强行把孩子的东西给他（她）不喜欢的人，会让孩子觉得自己的东西被抢走，从而心灵受到伤害。

偏见：都很固执 独生子女在成长的过程中，几乎独占了所有资源。可以随便看电视，随时玩电脑，也不必为了突出自己而在父母面前好好表现。可以换个角度看待这个问题，因为独生子女是在一种没有竞争的环境中长大，所以当需要分享的时候，他们会很开心地分给别人。在玩一些娱乐设施的时候，有兄弟姐妹的孩子会先抢占自己喜欢的项目，而独生子女因为没有争抢的概念，所以会选择耐心等待。

偏见：依赖性过强 因为没有兄弟姐妹可以依赖，也没有人帮忙，所以独生子女通常都会独自解决问题。而有兄弟姐妹的孩子，一般老大会有很强的独立性，老二则多半会等着哥哥姐姐来帮忙。当然，如果父母过度保护孩子，他（她）的独立性就会失去成长的机会，孩子常常会无法控制自己的感情。

Tips 独生子女的优点

1 因为独生子女是在父母的全部关爱中长大，所以性格开朗。他（她）会认为全世界的人都喜欢自己，即使在学校里遇到挫折，也会坦然接受，对周围的环境始终抱有积极的看法。

2 除了父母的爱，独生子女会受到更多的文化熏陶，因而情感丰富，充满个性，并且富有创造力。

3 因为没有兄弟姐妹，所以独生子女不容易产生忌妒心和自卑感，反而会信心满满。对于自己的主张会坚持到底，经常能感觉到很强的成就感。

4 在大人的关心中受到很多良性刺激，自我意识或好奇心都非常强烈。

40 养育独生子女的正确与错误方式

如果你是一位独生子女的妈妈，那么请检查一下自己是否因为疼爱孩子，而花费了太多心血，把孩子照顾得无微不至呢？其实，父母应尽量让孩子独立，让他（她）有成就感，这才是教育独生子女的正确方式。

教育独生子女的正确方式

和孩子成为朋友 为了让孩子在一定程度上理解兄弟姐妹之间的那种关系，父母就要发挥兄弟姐妹的作用。也就是说，父母可以创造机会，让孩子体验兄弟姐妹之间经常出现的要求、竞争、分配等关系。当只有一袋零食的时候，不要无条件地交给孩子，可以对孩子这样说，“和妈妈一起吃好不好？妈妈也想吃”。

创造可以让孩子独立的环境 让孩子独立解决一些问题，对于独生子女来说，显得尤其重要。例如，妈妈可以把孩子经常喝的牛奶或果汁放在冰箱下面的抽屉里，这样，在没有大人的帮助下，孩子也能够自己拿出来。如果饮料瓶太重，可以把它分装在安全的小容器中，这样孩子想喝随时就能拿来喝。让孩子独立处理各种事情，可以让他（她）学会不去要求别人，学会为别人着想。

有时要对孩子的行为视而不见 父母总是对孩子的一言一行都特别关注。但是，有时父母应减少一些对孩子的关心，不要让孩子因为父母的关注而感到负担。在父母的期望值特别高的情况下，如果孩子总是无法作出适当的回应，就说明孩子缺乏自信，甚至有些畏缩。因此，有时候父母最好对孩子的一些言行采取漠视的态度。

Tips 向过度期待说“不”

“爸爸妈妈只有你一个孩子，所以你一定要特别优秀才可以”，这种过度的期待只会给孩子造成压力。与其总想着培养一个完美的孩子，不如为孩子提供一个可以自由成长的环境，这才是对孩子更好的关爱。

减少物质奖励 独生子女很容易受到过度保护。父母常因为过分疼爱孩子，无论孩子提出什么要求，都会尽量满足他（她）。在这种环境里长大的独生子女，经常暴露出以自我为中心、依赖性强的特点。所以，当孩子离开家走向社会，如果事情没有按照他（她）的意愿发展的时候，孩子就会无所适从。而且，这些孩子从父母那里得到的都是新东西，慢慢就会出现无法控制物质欲望的情况。所以，父母必须要教会孩子，有些事情即使不喜欢也必须要去做，别人不再用的东西也可以拿来用。独生子女很容易缺乏经济观念，所以一定要尽早让他（她）明白，这个世界上是没有免费午餐的。

退后一步看着孩子 独生子女的父母，即使看到孩子有不礼貌的行为，也常找出各种理由为孩子辩护，比如，“他还小呢”或者“他不是故意的”，然后就让事情这样过去。可是，如果孩子不会考虑别人的感受，是很难与同龄小朋友和睦相处的。所以父母必须帮助孩子养成与别人相处时的习惯，例如分享、排队、说谢谢、打招呼、不在公共场所打闹等。在一些小事上，父母不必提前为孩子解决好，而可以退后一步，让孩子自己去选择采取什么行动，自己去思考应对的方法。

教育独生子女的错误方式

什么都想教孩子 如果父母希望孩子健康成长，就不能把太多的东西强加到孩子头上。最好是发现孩子的兴趣，然后为孩子创造更多的机会。

不给孩子玩的时间 不要在每次见到孩子的时候，都对他（她）说，“学习了吗？”或者“哪儿也不许去，快学习”。在这个阶段，玩耍要比学习更重要。

经常说孩子自私 “你怎么那么霸道？”以及“你怎么只想着自己？”父母在对孩子说这些话的时候，一定要慎重。因为并不是只有独生子女才这样，这个阶段的孩子，出现这种情况是因为还没有占有的概念，或是为了吸引大人的注意。而且经常在孩子面前说这种话，可能会让孩子变得越来越自私。

孩子们打架总是无条件拉开 当孩子们打架的时候，大人不要不问青红皂白，就把孩子们拉开，然后指责他们，或者偏袒某一方。而应该先了解发生了什么情况，然后再介入。

对孩子看电视和玩游戏持放任态度 当孩子因为无聊而看电视或玩游戏的时候，父母不要采取放任不理的态度。尽量多为孩子创造能和小朋友一起玩的机会。

对孩子说话过于随便 如果父母说话随便，很可能会让孩子也缺乏礼貌。虽然孩子还小，表现得很可爱，很讨人喜欢，但是在孩子犯错的时候，父母还是要严肃地指出来。

孩子天不怕地不怕 在家里，应该有一个让孩子感到敬畏的人。如果所有人都对孩子温和宽容，那么很可能造成孩子无所畏惧，不讲礼仪。

阻止孩子做一些看上去有危险的事情 越是独生子女，越需要更多的体验。父母要尽量让孩子独立思考，独立完成事情，然后得出结论，这样孩子才会在不断的体验中成长。

专家答疑

Q 孩子总是害怕失败，有时甚至还没有开始做就先发脾气或者哭闹，怎么办?

A 作为父母，要称赞的是孩子努力的态度，而不是结果。很多时候，父母对孩子有过多的期待，或者总是通过“做这个，做那个”的方式来强迫孩子，这样孩子很容易对挫折和失败作出敏感的反应。这时候，父母最好不要过多提及如考试分数等表现结果的东西，而应该关心孩子做了怎样的努力，有什么样的想法，对这个过程抱有什么态度等，并积极鼓励和称赞孩子。

Q 孩子非常内向、害羞，该怎么办?

A 父母要尽量培养孩子的自信心和独立性。很多时候，大人剥夺了孩子独自尝试、学习以及选择的机会。孩子独立完成一定的行为，从中可以体验到成功和失败，而这种体验，可以帮助孩子掌握解决问题的方法。当孩子要求无条件的帮助时，妈妈可以这样对孩子说，“你先自己试试看，如果不行，妈妈再来帮你”。在家里，父母也可以分配给孩子一些他（她）能够完成的小事，比如搭毛巾、拿杯子等，当孩子完成以后，要好好称赞，这样可以很好地培养孩子的独立性和自律性。

Q 我一直严格要求自己的孩子。有时孩子犯了错，想要批评他，孩子却先开始求饶，一问他，根本连自己做错了什么都不知道。这种情况该怎么办?

A 妈妈应该多称赞和鼓励孩子。如果孩子从小在这种严格，甚至苛刻的环境中长大，他（她）的内心会受到伤害，而且变得很胆小。教导孩子的时候，对话是最好的方式。与有兄弟姐妹的孩子相比，父母与独生子女的交流应该更多些，所以，当孩子出现一些错误行为的时候，父母可以坐下来好好跟孩子说，这样的方式会让孩子更易于接受。当孩子表现好的时候，一定不要吝惜赞扬。

41

如何处理孩子之间的纠纷

一天当中，父母一定会多次为儿女之间拌嘴打架的事烦心。特别是2～4岁的孩子，这个时期，正是占有欲最强的阶段，而且还不懂得谦让，所以，吵闹就在所难免了。

孩子之间为什么会屡屡发生战争

孩子之间出现小小的纠纷，对于他们来说，这是一个正常的成长过程。兄弟姐妹之间，通过竞争和争吵，可以培养自信，学会表达自己的主张和感情，以及掌握解决问题的方法。当孩子打架的时候，最好的方法，不是把孩子拉开，或者介入自己的意见，而是尽量让孩子自己解决。因为孩子之间的争吵一般不会持续很长时间，不用管他们，很快就会看到他们又在一起玩了。但是，如果兄弟姐妹之间产生了强烈的敌对情绪，父母必须要出来制止。

父母应该何时介入

当孩子之间出现争吵的时候，父母一定要弄清楚什么时候应该出来当“裁判员”，什么时候应该站在一旁观看。有时父母只要不加理会，或者提醒他们不要打架，就足够了。孩子之间的争吵，一般没有什么明确的原因，所以，妈妈不必偏袒任何一方。很多时候，父母会不问什么原因，都先让大孩子做出让步，“你是哥哥，应该让着弟弟”或者说，“姐姐先说对不起”。但是，这种方法只会恶化孩子之间的关系，而对解决问题没有任何帮助。

怎样处理孩子之间的争吵

在父母看来，一个孩子故意打另一个孩子的时候，就应该立刻出来制止。把纠缠在一起的孩子拉开以后，再分别与他们沟通。当两个孩子的情绪稍微平静以后，可以听听他们怎么说。“他打我了”“不是，是哥哥先打的我！”不同的立场可能会给出不同的说法。因为孩子这时候都还很激动，所以根本听不进去别人的话。这时父母一定要有耐心，给孩子充分的时间，让他们把怒火和挫折感平复下去。然后父母要表现出对两个人都可以理解的态度，并把他们叫到一起。“哲秀，你觉得是民秀不对，是不是？民秀，你觉得是哥哥先打你的是吗？妈妈觉得，你们两个可以自己解决这个问题。妈妈希望你们解决了问题，然后像两个好朋友那样走出房间。”然后妈妈可以离开，过不了多久，两个孩子一定会手拉手走出来的。遇到孩子出现这种问题的时候，父母要注意观察，弄清他们争吵的主要原因。另外，父母必须要明确，在孩子争吵的过程中，无论发生什么事，双方都不能使用暴力。如果两个人持续吵闹，也可以采取奖励的办法来解决矛盾，“要是你们不再打架，一起好好玩，妈妈会各送一件礼物给你们。不过要是妈妈再听到你们争吵的声音，就都没有礼物了”。

怎样防止争吵的发生

各负其责 当孩子之间出现争吵的时候，可以让年龄大的孩子承担起照顾弟弟妹妹的责任。这种方法，可以让大点的孩子知道应该照顾弟弟妹妹，也能让小一些的孩子肯定哥哥姐姐的作用。在这个过程中，要教育大孩子学会负起责任，学会指导弟弟妹妹。但父母一定要在旁边好好观察，看大孩子是否会借此机会欺负弟弟妹妹。

Tips 当无法处理孩子的争吵时，可以寻求专家的帮助

如果子女之间关系不好，有些父母可能会认为是因为自己没有尽到责任，但又无能为力，最终对孩子们的这种情况放任不理。如果父母无法指导子女之间形成一种和谐关系的话，可以寻求专业人士的帮助。

Tips 怎样对待总是和小朋友打架的孩子

有些孩子总是欺负其他小朋友，甚至喜欢打架，这多数是因为孩子过分以自我为中心，或者欲望总是得不到满足的缘故。如果孩子总是一个人玩，或者妈妈对孩子的要求百依百顺，很容易让孩子变得无法控制自己的情感，所以会与小朋友打架。如果孩子觉得小朋友都不喜欢自己，陷入一种受打击的情绪中，慢慢地变得更加偏激。所以父母要尽量帮助孩子学会与他人相处。如果孩子表现出自私的样子，只是一个人抱着玩具玩的时候，可以不理会他（她），但当孩子与朋友分享东西的时候，就一定要好好地鼓励和称赞他（她）。

让大孩子充当老师或妈妈的角色　“你已经学了3年的棒球，可不可以教教弟弟妹妹？”“英希可以带弟弟妹妹整理玩具吗？这样妈妈就可以去给你们烤蛋糕了。”妈妈可以通过这种方式，让大孩子充当老师或妈妈的角色，这样也有助于培养孩子之间的协作精神。例如说，“哲秀，你和民秀把客厅的玩具整理好，这样就可以快点吃点心了”，这样，孩子们就会带着相同的动机，共同去完成一项任务了。

让几个子女一起睡觉　让几个子女并排躺在一起睡觉，可以促进孩子之间的关系。夜晚能够亲密相处的孩子们，白天的时候，通常也会一起玩得很好。实际上，很多父母都表示，晚上一起睡觉的子女，白天的时候很少会争吵。

尽量让子女像朋友那样相处　在子女的相处中，朋友的关系要比兄弟姐妹的关系更加和谐。因为朋友可以自己选择，在一起的时间不会那么长，也不用与朋友争夺父母的爱。所以在这个阶段，可以不必过分强调“哥哥”或“姐姐”，而让孩子们感觉他们是一起玩耍的朋友就可以了。

注：以上参考资料由《明智的父母让孩子自己改变》（朋友媒体）、《怎样改变孩子的内心》（时间与空间）提供。

42

4岁以后，孩子的语言能力进入爆发期，社会能力也越来越强。4岁之前，可能有些孩子已经经常去亲子园或儿童之家等早教机构了。4岁以后，在选择这类教育机构的时候，妈妈要更加慎重了。

怎样为孩子选择合适的教育机构

在选择教育机构的时候，要遵守“百闻不如一见”的原则，可以先选择三四家，然后逐一亲自去考察。这时候，妈妈可以带孩子一同前往，并留心观察孩子是否喜欢那里的环境。另外，也可以参考其他妈妈的意见。4岁的孩子，年龄还比较小，所以选择早教机构的基本原则是离家不能太远。如果是宗教团体承办的机构，无论那里多么有名，妈妈还是要先考虑是否与家人的宗教信仰相冲突，再进行选择。

适合4岁孩子的教育机构，包括儿童之家、幼儿园、双语幼儿园、互助儿童之家等，一定要根据孩子的情况，选择最合适的。

Tips 互助儿童之家

最近，出现了一种由父母出资创办的互助儿童之家。因为现在很多父母希望让孩子多吃有机食品，多亲近自然，从而就有了这样的机构。它的最大优点是可以让在都市里长大的孩子尽情地接近土地，在自然中玩耍。而且，父母与老师的沟通也更方便，可以随时了解并解决孩子出现的问题。对于有过敏症状，或是在一般儿童之家不习惯的孩子，来这里是一个非常好的选择。不过，互助儿童之家也有它的缺点，因为是父母出资经营，所以会出现很多琐碎的情况。而且由于经费不够充足，所以收取的费用要比一般儿童之家高。其他机构可能更注重孩子的认知学习，而这里，因为更多的时间孩子都在亲近大自然，所以在认知能力方面会有些落后。

职场妈妈都喜欢儿童之家

现在，我终于可以安心去公司上班了。因为女儿一一已经完全喜欢上了儿童之家，每天早上一起床，就喊着要去。我是在一一4岁的时候重返职场的，开始的时候，最担心的问题就是送孩子去早教机构时如何安抚孩子的情绪，以及孩子能否快乐地度过一天。其实4岁的孩子已经可以送去普通幼儿园了，不过，我对于过分规律的幼儿园生活不太满意，我希望一一在早教机构也能像在家里一样开心。所以，我选择了离家很近的儿童之家。这里的孩子不多，每个班保持在10人左右，而且精心安排了很多课程，这让我很满意。

金京希　一一的妈妈

上幼儿园可以帮助孩子更快地适应学校

胜俊从4岁开始，就去社区的儿童之家了。后来，我把他送进了附近一家著名私立大学的附属幼儿园。据说这里的老师素质都非常高，全部接受过专业教育，可以更好地了解孩子，这让我觉得很满意。而且这个幼儿园的名声很大，还有很多艺术方面的课程，可以根据孩子年龄进行选择。不过这个幼儿园也存在一个问题，那就是下午1点左右就要接孩子回家。这给我增加了很多麻烦，不过看到胜俊变得越来越有规矩，懂礼貌，我还是决定继续送胜俊去这里，一直到他上小学为止。

吴有兰　胜俊的妈妈

学习英语，环境很重要

民英从小时候开始，就对英语很感兴趣。我在外资公司上班，明白学英语的时候，环境是非常重要的。不过我还是把孩子送进了普通幼儿园，因为我不想让孩子承受双语幼儿园的那种压力。但是每天下班以后，我会为孩子创造一个英语环境。到民英4岁的时候，她对英语的兴趣更加浓厚了，我决定送她去双语幼儿园。我打算先让民英上一个月，如果她受不了压力就放弃。可是，民英却像小鸟被放回了森林一样，非常适应那里的生活。无论是课程，还是外教，民英都很喜欢。其实能够说好英语并不重要，重要的是让孩子感受那种英文的环境。

金珠京　民英的妈妈

互助儿童之家让我的孩子更健康

以前秀真一直生活在乡下的奶奶家，我费了很大的力气，才把她带回来，送到家附近的儿童之家。除了舍不得奶奶以外，秀真以前的生活是被“小狗、草地、山坡”围绕的，现在把她放到小小的儿童之家，秀真非常不适应。慢慢地，我发现秀真总是莫名其妙地发脾气，而且注意力总是无法集中。后来我终于下决心，把孩子转到了互助儿童之家。当来到了互助儿童之家的大院子里，秀真一下子就开心起来。虽然我也很担心，孩子都4岁了，还不教她学东西，但是我还是决定把眼光放长远一些。认知方面的学习以后是很容易补上的，但孩子在这个阶段的成长环境，以后是无法弥补的。为了送孩子来这里，甚至还要搬家，但看着日渐活泼的秀真，我还是觉得，这是一个正确的决定。

崔京雅　秀真的妈妈

Tips 双语幼儿园

送4岁的孩子上双语幼儿园，是为了让孩子能够同时掌握两种语言。双语幼儿园的基本课程与一般幼儿园类似，也是音乐、阅读、认知游戏、想象游戏、舞蹈等，但是这里上课和课间时间全部都是用英语对话。这里同时配备外教和本国老师，下午2点左右放学。双语幼儿园的优点是，通过各种丰富的活动，让孩子直接体验到异国文化。

说到双语幼儿园的缺点，那就是4岁的孩子正处于性格塑造的重要阶段，这种以英语学习为主的教育，可能会让孩子错过这个重要的时期。而且，父母也很难了解这里教师的资质。

另外，每月的费用对很多父母来说，也是一个不小的负担。如果还想让孩子另外开展艺术和母语方面的学习，经济方面就会更加沉重了。

如果已经决定送孩子上双语幼儿园，那么必须要认真观察孩子是否能够适应那里的环境。

怎样让孩子喜欢去儿童之家

孩子4岁以后，为了更好地培养他（她）的社会性，最好送孩子去儿童之家。不过因为孩子不肯去，很多父母每天早上都要跟孩子纠缠一番。那么，到底怎样才能让孩子笑着去儿童之家呢？

43

孩子不愿意去儿童之家的真正原因

孩子之所以不愿意去儿童之家，其实并不是讨厌那里，而是不愿意与妈妈分离。在儿童之家里看不到妈妈，自己遇到什么事情该怎么办，这种想法会让孩子感到非常焦虑。特别是从小总跟在妈妈身边，不经常和其他小朋友一起玩的孩子，这种情绪会更加强烈。也有些孩子是因为缺乏耐心或自立性，无法忍受与妈妈以外的其他人一起生活。这类孩子大多缺乏自立能力，社会性也比较弱，更愿意留在妈妈身边，享受宠爱，而不喜欢去儿童之家，不愿意面对新的环境。上儿童之家以后，大多数孩子的适应时间是3～4周，在这段时间里，有些孩子虽然不说，但内心并不愿意去，有些孩子会大声哭闹，或者抱着妈妈的腿不肯松开。

钥匙就在父母的手上

让孩子离开妈妈，经常和小朋友在一起　要想让孩子能很好地适应儿童之家，从孩子小时候起，就应该多让他（她）离开妈妈，和其他小朋友一起玩。让孩子和亲戚或其他家人一起生活一段时间，也是培养孩子独立性的一种好方法。妈妈可以经常交给孩子一些小任务，这对培养孩子的社会性、自立能力、自信心等都会产生重要影响。

告诉孩子妈妈将要做什么　告诉孩子，在与他（她）分开的这段时间里，妈妈将要做什么，这也是稳定孩子情绪的一种好方法。例如，“哲秀去儿童之家以后，妈妈要去市场

Tips 孩子不愿意去儿童之家怎么办

妈妈可以在家里让孩子尝试一下与儿童之家相同的活动内容。有些孩子在家里玩得很好，和妈妈一起打扫卫生，一起去市场，观察路边的各种事物，这些都是非常宝贵的体验。邀请几个小朋友到家里来，或者带孩子去别人家做客，这些活动都可以很好地提高孩子的社会性。

买东西，还要带弟弟看牙医。要是你有什么事，就让老师给妈妈打电话。”这样的解释，会让孩子很快安下心来。

了解孩子的气质 对于那些对新环境适应比较慢的孩子，妈妈必须要了解孩子天生的气质属于哪种类型。如果对孩子这种消极的态度发脾气，或者指责他（她）“你为什么这个样子”，可能会对孩子没有帮助，甚至让孩子产生抵触情绪。最重要的是，妈妈要提前估计好将在儿童之家里发生的情况，并在去之前，详细地告诉孩子。

采取果断的行动 如果妈妈决定了一定要送孩子去儿童之家，就必须采取果断的行动。如果父母能够坚决遵守自己制订的规则，那么孩子也只能选择服从。不要因为孩子的固执和哭闹而发生动摇。遵守原则，采取一些方法帮助孩子尽快适应新环境，多数孩子都不会有任何问题。

让孩子表达自己的情感 当孩子从儿童之家回来以后，要引导他（她）把当天的感受表达出来。父母要表现出很感兴趣的样子，让孩子觉得在儿童之家发生的事情都很重要。这样，孩子就会更积极地参与那里的活动了。

按照孩子的类型及不同情况，采取相应的对策

哭闹着不想去 在这个时候，妈妈表现出一种镇定的态度是非常重要的。孩子的情绪有时会很激动，但是持续的时间不会很长。大多数情况下，就算孩子当时哭闹得非常厉害，只要妈妈一走，他（她）很快就会平静下来。如果觉得孩子很可怜，舍不得让孩子哭，而顺从了孩子的意愿，那么下次再送孩子去儿童之家的时候，就会更加困难。但是如果趁孩子的注意力被玩具吸引的时候，妈妈悄悄离开，会让孩子更加焦虑，从而造成更坏的影响。相反，妈妈可以和孩子约定好回来的时间，因为4岁的孩子还无法理解时间概念，所以他（她）会一直忍耐，直到再次见到妈妈。

这样解决不愿意去儿童之家的矛盾

拜托老师关照 晓英每次去儿童之家的时候都会哭闹不止，这让妈妈金珠英感到愧疚。可是面对孩子，又没有什么好办法。多亏了儿童之家老师的帮助。老师抱着晓英，一直鼓励她，还抱着她到院子里看花，稳定她的情绪。金珠英之前曾经为此打骂过孩子，但都没有效果，可在老师的帮助下，晓英终于不再反感去儿童之家了。

每天亲自接孩子 几乎每次到了儿童之家门口，正贤都哭闹着不肯进去，最后妈妈洪淑希不得不强行把他抱进去。虽然送孩子的时候洪淑希是一个冷酷的妈妈，但每次她都会和孩子约好晚上来接他，并且一定遵守约定。即使有时工作很忙，洪淑希也不会让婆婆或孩子的爸爸来接，而是尽量赶过来。正贤知道妈妈每天下午都会来接自己，慢慢地也就安下心来，和小朋友相处得越来越好，后来有一天，他对洪淑希说，“妈妈不来接我也没关系”。

装病 有些孩子会拿肚子疼或者头疼当作借口逃避去儿童之家。这时，妈妈应该尽量安慰孩子。其实大多数孩子在去了儿童之家以后，都会被那里丰富的活动所吸引，第二天还想再去。如果这时候揭穿孩子的谎言或者打骂孩子，反而会让他（她）产生反抗的情绪。一定要明白，孩子不愿意与妈妈分开，是一种非常正常的表现。

不肯离开妈妈 如果孩子一直不肯去儿童之家，就算强行送去了，他（她）也会哭闹着找妈妈，因此妈妈最好能陪在孩子身边。这时候不要急于让孩子独立而一下子就离开，可以逐渐缩短时间，帮助孩子慢慢习惯一个人。父母应该尽可能理解孩子的感受，当孩子从儿童之家回来，要亲热地迎接，让他（她）有幸福感。

去了几天突然又不肯去了 有些孩子还会出现这样的情况，前几天本来去得很好，现在突然又不肯去了。这时候，妈妈要仔细观察孩子是因为害怕，还是因为在儿童之家发生了什么事情，从而让孩子产生抗拒心理。最好能够与老师沟通一下，找出问题或者产生压力的原因，再有针对性地解决。如果孩子只是不想与爸爸妈妈分开，可以与老师协商一下，让孩子在去儿童之家的时候，带一件他（她）喜欢的玩具，可以帮助孩子稳定情绪。

孩子去儿童之家的压力指数测试

□每次去儿童之家的时候，都会哭闹。

□只要一看不到妈妈，就会感到很不安。

□总是说不喜欢去儿童之家。

□不主动提起在儿童之家的事情。

□总说一些在儿童之家发生的不好的事。

□只要一听说明天要去儿童之家，就会表现出抵触情绪。

□总是说与去儿童之家相比，更喜欢和妈妈在一起。

□曾经因为不想去儿童之家而大发脾气。

□每次去儿童之家的时候，都会说肚子疼或者头疼。

□从儿童之家回来以后会说明天不去了。

结果分析

以上条目中，符合3条以下，属于正常；符合4～7条，就要引起注意；如果符合8条以上，则表示压力严重。

44 让我们露营去

“和爸爸妈妈一起在帐篷里聊天、吃东西，真的太有意思了！就算不去很远的地方也没关系，我第一次知道，原来在家里露营也可以玩得这么开心”。

还有比露营更让孩子兴奋的事情吗？该带4岁的小朋友去哪里露营呢？这其实不是什么难题，就让我们把帐篷搭在宽敞的院子里，或者搭在最大的那个房间里吧！只要遵守下面的原则，室内的露营也会和在森林里一样有趣。

帐篷里放几盆花草　花盆上面可以用细细的绳子挂一些小灯泡，看上去，闪闪的灯泡就像夜空中的星星一样。

在天花板上粘贴夜光的星星贴纸　在天花板和墙壁上贴一些星星造型的夜光贴纸，这种贴纸一般都可以反复使用。

Tips 设施良好的森林公园露营地

有明山森林公园（韩国京畿道加平郡） 这里设施完备，包括登山道、散步道、露营地、汽车露营地、戏水乐园、木屋等。

加里山森林公园（韩国江原道洪川郡） 这里有一片宽阔的空地，建有7栋平房，大约40个露营点，还有公共的厨房和淋浴室。在露营地不远，还有散步的小路和可以玩水的地方。

朴达宰森林公园（韩国忠清堤川市） 这里的优势是害虫很少，适合野外露营。另外还有木屋、网球场、戏水乐园、动物饲养场、花卉园等各种设施。

基塔里森林公园（韩国江原道春川市）和美泉森林公园（韩国江原道襄阳郡） 在溪谷观光方面，这里在韩国80余个森林公园中独具特色。在溪谷的最上游，涌动着具有药效的泉水，除此以外，还有露营地和漂亮的木屋咖啡店。

录制虫鸣的激光唱盘 准备一张激光唱盘，把夜晚森林里可能出现的声音，比如风声、虫鸣声都录下来。

没有可以在家里搭的帐篷怎么办 在适当的距离两端摆两把椅子，在中间拉一根绳子。然后，盖上一个大床单，如果再有一个带有星星图案的地毯就更完美了。

准备简单的烤肉工具 妈妈可以准备一些简单的烤肉工具，和孩子在帐篷旁边做热狗或者烤五花肉。要是再准备一些蔬菜串和年糕串，孩子吃起来会更香。

准备一些特别的零食 这时候，妈妈可以准备一些孩子平时不怎么吃的零食。例如在一块大饼干上撒一些巧克力和果汁软糖，放进微波炉转几秒钟就可以了。巧克力和软糖都已经溶化，在上面再盖一块饼干，巧克力三明治就诞生啦！

把浴缸变成海滨浴场 在浴缸里放满水，加入几滴蓝色的食用色素，就变成了一缸蓝色的海水。给孩子穿上漂亮的泳衣，然后跳进水里玩耍。这时候，给孩子做个放松水疗也是不错的主意。

讲一些古老的故事 给孩子讲一些爷爷奶奶或姥姥姥爷讲给爸爸妈妈小时候听的故事，让孩子知道，原来爸爸妈妈也曾经和自己一样。

是不是想和孩子一起去冒险？不妨进行一次深夜探险旅行吧。不管夏天还是冬天，都没有关系。如果能挑选一个月满如盘、清爽惬意的晚上，就再好不过了。早点儿吃晚饭，跑步来到郊外，如果不想去太远的地方，你也可以选择附近的公园。只要能走出家门，哪怕只是门口的小公园都是不错的选择，在那里可以看到各种各样的昆虫，听到小动物发出的各种奇妙的声音。或者考察一下附近有没有自然博物馆、动物园、学校等。院子里带个小池塘的咖啡店或茶馆也不错。对每个人来说，在一个凉爽的夜晚，出门散步都是非常令人愉快的事情。夜幕中的世界会呈现出与白天完全不同的景致。

深夜探险旅行 45

在准备夜晚出行的时候，最好能提前告诉孩子可能会看到和听到的东西。还可以把夜晚自然中的各种声音，比如虫鸣、猫叫、风吹动树叶的声音等录下来给孩子听。然后和孩子一起谈论那些都是什么声音。

怎样让夜晚的探险更加有趣

注意天气变化 秋冬季节，太阳落山以后，天气会变得很冷。一定要注意温差变化，适当为孩子增减衣物。

准备好手电筒 准备好手电筒，但一定要在需要的时候才使用。其实，当眼睛习惯了黑暗以后，所看到的东西可能比在电灯下看得更清楚。不过，手电筒是孩子非常钟爱的玩具，有时可以让孩子自己拿着，照亮脚下的路。但要注意把亮度调得低一些。可以在手电筒上蒙一层红色胶片或者玻璃纸，让光线略显朦胧，这样看上去会更舒服。

倾听动物或昆虫发出的声音 其实夜晚的探险旅行还有更重要的事情：停下脚步，竖起耳朵，去倾听那些最细微的声音吧。

春天可以去乡村徒步旅行 走在田间小路上，听着池塘里青蛙的鸣叫，鼻子可以嗅到庄稼的味道。在小鸟的歌声中，带孩子去乡间走走吧。

观察昆虫的习性 夏天的树林，是各种昆虫的天堂。不过，如果不想被虫子咬，最好给孩子穿上长衣长裤，还要抹上防虫咬的药膏。

面对动物的时候，要保持安静 夜晚的旅行，也可以去人迹罕至的树林深处，当与那些从来没见过的动物面对面的时候，一定要尽量保持安静，最好是在原地静静地等待。即使是性情温顺的动物，也难免会出现一些突发性的行为，或者在受到声音惊吓后，变得带有攻击性。

赏月 一年之中，中秋这天是最佳的赏月时间。父母可以和孩子一边赏月，一边唱一些关于月亮的歌，讲一些关于月亮的故事。严冬的时候赏月，也别有一番情趣。在白雪的映衬下，月光会更美更亮。

什么事都自己解决的韩国小姐、哈佛毕业生——金娜娜

在2002年韩国小姐比赛中，有一名选手，因为她特殊的身份而成了舆论的焦点，这就是美貌与才华并重的金娜娜，她同时收到了美国哈佛大学和美国麻省理工学院的录取通知书。金娜娜出生在少白山下，毕业于韩国浦项科学高中，她小时候的梦想是成为一名医生。无论是参加韩国小姐的比赛胜出，还是就读哈佛大学等一流名校，应该说是因为金娜娜身后有一位杰出的妈妈。

金娜娜的妈妈李媛兴是一位中学老师，父亲也是老师。按理说，金娜娜的学习环境应该比其他孩子更好，但实际上，一直到上小学之前，金娜娜还不认识一个韩文。对于女儿在中学获得第一名的成绩，妈妈李媛兴只是淡淡地说，“她可能在学习方面有些天分”。在金娜娜上小学的时候，父母决定让孩子学习一两门艺术作为她的特长，首先为她选择的是舞蹈。而这也为金娜娜日后当选韩国小姐打下了基础。此外，金娜娜的父母还让她学习钢琴、书法等。所幸娜娜好奇心和求知欲都很强，属于那种只要学，就一定要学好的类型。父母还教会了娜娜“无论任何事，都要自己解决”的独立精神。他们不断地对女儿灌输，“爸爸妈妈虽然可以指导你学习，但那就变成了爸爸妈妈在学习，学习应该是你独立完成的事情”。就这样，金娜娜的父母从来没有帮孩子写过一次作业，完全采取了“独立式教育”，不过这并不代表他们对女儿不闻不问，他们会经常跟女儿谈话，可能是这个原因，使得娜娜在语言表达方面非常有条理。

有些妈妈看到金娜娜，可能会为自己的孩子无论是“外貌”还是“才能”都不如别人而感到惭愧，这是完全没有必要的。遗传因素虽然无法改变，但是，每一位妈妈都可以依靠后天的教育来改变孩子，让自己的孩子一样聪明、健康地成长。

Part

05

培养孩子认知能力的方法总结

必须帮助孩子提高 认知能力

46

让孩子说“谢谢”、“对不起”，妈妈要以身作则

当孩子眨着乌黑的大眼睛，从那红润如樱桃的小嘴里说出“谢谢”两个字的时候，是不是非常可爱呢？每一个妈妈都希望自己的孩子斯文有礼貌，总会催促孩子说，“你应该说谢谢呀！”可是有时我们的孩子却会因为时间和地点的变化，而把这些忘得一干二净。如果想让孩子随时说出“谢谢”或“对不起”等礼貌用语，那么妈妈必须首先做出表率。平时妈妈在与别人谈话的时候，要经常使用“谢谢”“对不起”，并且告诉孩子这样说的理由。父母要告诉孩子，对别人表达谢意或歉意，是一种很好的行为，而且还要告诉孩子，只有这样，别人才会喜欢自己。当遇到一些实际情况的时候，妈妈可以提醒孩子说“谢谢”或“对不起”。如果孩子不肯说，也不要呵斥他（她），妈妈可以先替孩子说。妈妈可以直接说，“谢谢（对不起）”，或者也可以说“我替孩子谢谢你了”。就算这次孩子说不出来，当下次再遇到类似情况时，孩子一定会学着妈妈的样子说礼貌用语了。如果孩子没有说“谢谢”，妈妈就大声指责他（她）说，“你怎么连谢谢都不会说？”孩子就会对此产生抵触心理，“妈妈干吗为这么点小事骂我？”也可能会产生自卑的想法，“我连谢谢都不会说，我是个坏孩子。”所以，妈妈在指责孩子之前，请自己先做出表率。

47 现在，可以说出自己的想法了

语言是衡量孩子认知与发育状态的一个标尺。如果孩子到现在还不会说话，则要咨询一下专家，尽快完善父母做得不足的地方，以保证孩子的正常发育。

4岁以后，孩子大约可以使用数百个词汇了，可以记住并且说出过去发生的事情。例如，当孩子从幼儿园或者儿童之家回来以后，如果父母问他（她），“今天都做了什么”，他（她）已经可以对答如流了。而且孩子不仅会说出记忆中的事情，还会将自己的想法一起说出来。这个时期的孩子，每当遇到一个新词语的时候，大多会表现出强烈的好奇心。4岁的孩子在讲述一些事情的时候，不但不会偏离主题，而且能够说出一段有逻辑的话。他们开始学会使用一些包含详细内容的句子，例如孩子可能说，“桌子上有一块好吃的蛋糕”。他们可以表达快乐、悲伤、生气等感情，理解春夏秋冬四季的概念。他们认识了各种颜色，可以理解相反的概念，可以看懂简单的四格故事。4岁的孩子听完故事以后，可以回答出相关的问题，对于“为什么”这样的问题，也可以说明理由。他们会使用“昨天、今天、明天”等带有时间概念的词语，对不认识的词语有很强的求知欲。4岁的孩子会接电话，可以传达简单的意思，会使用复合句，可以对物品的大小、颜色、形态、功能进行说明。

4岁的孩子可以听懂多少话（语言使用能力）

□指出膝盖、肩膀、舌头、脖子、下巴、额头、脸颊、腰。

□可以听懂带有“怎样”之类的问题。

□可以听懂带有“什么时候”或“为什么”之类的问题。

□可以准确做出包含“一个”或“一点儿”等内容的指令。

□理解复数的概念，当说“们”的时候，知道抓住一个以上的物品。

□可以执行三项没有关联的指令。例如，可以执行“把茶给妈妈拿过来，然后坐下吃饭”这样的命令。

□可以去另一个房间，一次拿回三件不同的物品。

4岁的孩子表达能力怎么样（语言表达能力）

□大约会使用数百个词汇。

□可以记住并说出过去发生的事情。

□在讲述想法和经验的时候，可以很好地组织语言。

□可以回答出2～3天前发生的事情。

□可以一边玩角色扮演的游戏，一边自言自语。

□经常询问父母某些词语的意思。

□可以回答出眼睛、鼻子、嘴、手等身体部位的作用。

□如果问孩子某个物品的功能，例如，“剪子是干什么用的？”孩子会结合两个词语来回答，例如说，“是剪纸的”。

出现结巴的情况

这个时期的孩子，语言学习处于非常旺盛的阶段，说话欲望也很强，因此经常会出现词语重复，或者说话不流畅的情况。4岁的孩子脑子里经常有很多想法想要通过语言表达出来，但是孩子对于词句的构成还不熟练，对语言所带有的社会功能也不熟悉，所以很难连贯地说出来。在学习语言的过程中，孩子出现这种情况是非常正常的。当孩子说话结巴的时候，父母要帮助孩子冷静下来慢慢说，这样情况就会逐渐好转。不过如果孩子结巴的次数增多，而且没有好转，很多父母就会担心这种情况是否会一直伴随孩子。妈妈可以给孩子一分钟的时间，让他（她）讲讲在幼儿园里发生的事情，在100个词语中如果有10个以上出现重复，或者几秒以上的停顿，就要带孩子去医院进行检查了。

当一个爱说话的妈妈吧

如果到目前为止，孩子的语言表达能力还不熟练，那么妈妈就要做些努力了。最好的方法是接受专家的帮助，不过

Tips 用语言表达现实情况

4岁是开始用语言表达现实情况的时期。当发生了某种现象以后，孩子会试图用语言表达出原因和结果。例如妈妈问，“为什么生气？”孩子会说出，“哥哥拿走了我的东西，所以我生气了”这样有逻辑的句子。另外，这个时期孩子也可以控制自己的感情了。4岁之前，当有什么不满意的时候，孩子大多会哭闹，现在如果妈妈和他（她）讲道理，孩子就会控制自己的情绪。例如在商店里，妈妈没有买孩子想要的东西，而是对孩子说，“家里不是有一个一样的吗？”孩子就会听得进妈妈的话，不会闹别扭。在生长发育方面，4岁孩子的肌肉发育迅速，特别是手眼的协调能力有了很大提高，在折纸和绘画等活动中，表现得尤其突出。

如果妈妈能够找到有效的方法，也可以很好地帮助孩子。

模仿阶段 妈妈先说一段话，然后让孩子跟着说，如果说对了，就要用奖品来鼓励孩子。当这种模仿达到一定程度以后，妈妈可以对孩子的话进行扩展。例如，当孩子说“饭”的时候，妈妈可以说出一个完整的句子，“原来英秀肚子饿了，这时你可以跟妈妈说，‘妈妈，我饿了，给我饭吃’，妈妈就明白了” 。像这样，在孩子的话中添加上形容词和动词，然后让孩子重复，慢慢练习，使其准确地表达出自己的意思。

妈妈向孩子提出问题，让孩子独立回答 这时候最重要的是，妈妈要了解孩子对什么感兴趣。妈妈可以就孩子关心的事情提出问题，引导孩子表达出他（她）的想法。比如妈妈问，“你口渴吗？想喝什么？”这样孩子就会回答“水”或者“果汁”。其实可以改变一种问法，“苹果汁有很多维生素，每天喝三杯对身体很好。你为什么喜欢苹果汁呢？”鼓励孩子准确地说出理由。如果孩子对问题作出了准确的回应，妈妈可以要求他（她）进一步说得更详细些。

妈妈知道并提前说出孩子要做的行为 当孩子想喝牛奶，拿起牛奶瓶的时候，妈妈可以先说出，“你是想喝牛奶吗？”无论孩子是否听到，都可以把当时的状况详细地说出来。例如，当孩子拿起玩具玩的时候，即使孩子没有听，妈妈也可以继续用语言描述出当时的情景，“玩具掉到地上了怎么办？谁去把它捡起来？”促进孩子的语言发育时，最重要的就是，妈妈在孩子面前多说话，坚持这样做，一定能够看到效果。

Tips 出现下列情况时，必须接受专业治疗

1 4岁以后，语序仍然很混乱（比如给我，苹果）。

2 和同龄孩子相比，语言发育迟缓。发音不准确，表达意思很困难。

3 日常生活上没有太大问题，只有语言表达能力较差。

4 经常答非所问，很难形成良好的互动。

5 比较胆小，没有想要与人沟通的欲望。

6 对别人的问题很难做出适当的回答，更多的时候是自言自语。

7 无法准确表达出自己的意思和情感。

8 说话结巴。

9 整体发育落后。

10 对别人说的话只会鹦鹉学舌。

48

孩子说话时，不要插嘴或打断

有些父母之所以无法与孩子进行对话，大部分原因是他们不懂得倾听孩子的声音。父母必须要明白，只有认真倾听孩子说话，才可能提高孩子的思考能力。另外，父母在听孩子说话的时候，不要分神去想自己下面该说什么，或者打算评论孩子说的话。

你想和孩子对话吗

4岁的孩子，已经可以使用比较准确的语句，完整地表达出自己的想法了。他们有时会因为着急而结巴，或者想说的东西太多，结果表达得不太流畅。即便这样，父母也不要催促孩子，或者表现出不耐烦的样子，应该给孩子一些提示，帮助他（她）表达得更清楚。

在孩子说话和表现自我的时候，父母不应该假装倾听，或者打断孩子。父母在与孩子对话或是讨论问题的时候，要让孩子自由发表意见，可以不断地提出问题，引导孩子更具体地思考问题。

如何与孩子进行对话

打开孩子的话匣子　要想打开孩子紧闭的心灵和嘴巴，妈妈首先要为孩子找到合适的话题。妈妈提出的问题要让孩子很难用简单的“是”或“不是”来回答。例如不要问孩子，“今天在亲子园里玩得好吗？”应该这样问，“今天发生了什么有意思的事？”

与孩子站在相同的立场上　为了完全吸引孩子的注意

力，妈妈最好能站在与孩子相同的立场上，蹲下来，平视孩子的眼睛。尤其在听孩子说话的时候，这是最好的姿势。双方目光平视，可以让孩子感觉妈妈与自己处于平等的位置上，说话的时候会更加放松。

多用短句 妈妈说的每一句话最好都能使用短句。如果妈妈的话说得太长，孩子可能没有耐心听完。如果妈妈说的话特别多，也很容易出现失误，反而无法准确地表达自己的意思。

简化对话内容 妈妈要尽量简化对话内容，做到言简意赅。一旦发现孩子的眼神游离，表现出不感兴趣的样子，那么，再多说什么，孩子也是无法理解的。

让孩子自己选择

提出孩子不会拒绝的要求 为了避免与孩子出现争执，妈妈要懂得说话的技巧。“哲秀，快点穿衣服，我们好出去玩。”当提出的要求可能会被拒绝时，必须要明确地告诉他（她）不该拒绝的原因。这样一来，孩子就会很乐意听从父母的安排了。

指挥孩子的时候，可以用“我希望……” 不要直接对孩子说“下来”，而改为“我希望你能下来”。这种说话的方式，对于那些想讨好妈妈，但又不想听从指挥的孩子会很有效果。

让孩子自己选择，妈妈采用“……的话，我就……” “你要是刷牙的话，我就给你讲故事”“都做完的话，我就让你玩”“是先穿衣服，还是先刷牙”，最好对孩子使用可以让他（她）自己做出选择的说话方式。也可以提出一些孩子喜欢的方案，“你不能一个人去公园，可以自己到楼下的花园玩”。

说话的时候要注意礼仪 对孩子说话的时候，妈妈不能不考虑礼仪，随口乱说。你希望孩子用哪种方式跟你说话，首先你就必须用这种方式跟孩子说话。如果对孩子礼貌地说话，孩子也能学会礼貌的行为。

将对话难度加大

根据孩子的水平提问 越是年龄小的孩子，跟他（她）说话的时候越应该简明扼要。提问时要考虑到孩子的理解能力，父母经常犯的错误，就是对4岁的孩子说，“你为什么要这样？”这是这个年龄的孩子根本无法回答的问题。因此，妈妈最好这样问，“告诉妈妈你刚才都做了什么？”

多说“我”，少说“你” 胁迫性或判定性的口气，很容易让孩子产生防范心理。例如“你应该做……”或者“你只不过是……”等，都不易让孩子接受，换成“我觉得……会更好”，效果会更好些。

孩子激动时，妈妈要温柔 在对话过程中，当孩子情绪激动的时候，妈妈一定要保持冷静，要用比平时更温柔的口气说，“妈妈明白了”或者“你想让妈妈做什么？”这样可以尽快帮助孩子平静下来。

帮助孩子完成自己的想法 用“哲秀，想想应该把足球放在哪里呢？”这样的话代替“不是让你把足球收拾起来吗？”给孩子一定的想象空间，其实也是一种很好的教育。

当孩子生气的时候

停止讨论 如果对某个问题无法继续与孩子讨论下去，妈妈可以这样说，“对于这个问题，我的看法没有改变，对不起”。这样一来，可以防止妈妈和孩子同时受到伤害。

做出可以让对方接受的姿态 在给孩子提出要求之前，妈妈要帮助孩子获得情绪上的稳定。否则孩子不听指挥，妈妈就只是在浪费时间。当孩子真生气的时候，是什么话也听不进去的。

Tips 与孩子进行对话时，这些行为会成为绊脚石

命令和指挥 有时父母想尽快控制形势，就会下达命令，“快把玩具整理好”，但这样说，会让孩子觉得自己没有任何决定权。

审问 为了找出孩子的错误，父母有时会采用审问的口气，“你到底怎么把那个小朋友弄哭的？”或者“是你推的吗？”这会让孩子觉得父母不信任自己，而不想说更多的话。

转移注意力 当孩子问，“妈妈，给我买冰淇淋了吗？”如果妈妈装作没听到，故意转移话题说，“快去洗手，该吃饭了”，这样会让孩子感到自己被忽视了。

警告与威胁 有些妈妈对孩子说，“你要是再不收拾玩具，我就把它扔了”或者“你要是再不听话，就让爸爸打你”，这样的威胁很容易让孩子产生恐惧和敌对心理。

同情 比如“我的宝贝真可怜”，这种同情的口气会削弱孩子的意志，让孩子更依赖妈妈。

责备 “你为什么这么不听话？”或者“怎么连这么点小事都做不好？”这样的责备会伤害孩子的心灵。

心理分析 父母分析孩子的行为之后，说出孩子之所以这样做的原因。“你是因为生妈妈的气，所以才那样做对不对？”这样的话会传递给孩子一个信息，那就是妈妈比孩子更强大，这种做法也不科学。

和同龄的小朋友相比，有些孩子更喜欢与比自己年龄大一点的孩子或者是大人说话。在评价孩子的语言天分时，这也可以作为一项标准。当孩子各方面能力明显高于同龄的孩子时，他（她）就会产生想和更高层次的人交流的想法。而且如果没有遭到对方的拒绝，会让孩子感受到强烈的优越感。但是大部分的情况却是，这类孩子因为无法与同龄孩子友好相处，才把注意力转向大人。也就是说，想和大人交流，是因为孩子无法融入同龄小朋友的群体中，他们自己不受欢迎，而且与同龄小朋友还会产生竞争，在与大人的相处中，不会存在这些问题。这样的孩子喜欢享受大人对自己的照顾，通过这个过程，获得心理上的安慰。

49 孩子更喜欢和大人说话

鼓励孩子多和小朋友一起玩

孩子与大人进行对话交流，当然不是一件坏事，他（她）可以从中学习到更丰富的语言表达和行为方式。但是对于4岁的孩子来说，这并不是首要的任务，在这个阶段，和其他小朋友一起成长才是最重要的。4岁是学习社会性的重要时期，如果经常和大人在一起，有可能会错过这个重要的发育阶段。对于那些发育正常，而且更喜欢和大人在一起的孩子，应该尽量为他（她）创造和同龄小朋友多接触、交流的机会，让他（她）感受到与朋友在一起的快乐。如果是发育略为落后的孩子，强行让他（她）与别的孩子在一起，有可能会产生负面的影响。所以对于这样的孩子，可以先通过与大人的交流培养他（她）的自信，待情绪稳定以后，再考虑其他问题。

妈妈可以这样做

角色扮演　有些孩子虽然和大人相处得很好，却不知道怎么和同龄小朋友一起玩。这时候，妈妈可以先和他（她）一起玩角色扮演的游戏，让孩子逐渐熟悉团体活动，再慢慢引导他（她）和小朋友一起玩。

妈妈和孩子一起加入小朋友的阵营　如果孩子还不习惯和其他孩子一起玩，那么妈妈可以先陪他（她）一起加入小朋友的活动中。而且从中还可以发现孩子存在的问题，便于回家以后对孩子进行矫正。因为有妈妈在身边，孩子也会很放松地参与到小朋友的游戏中。

不要总对孩子强调要和小朋友好好相处　有些妈妈觉得自己的孩子非常不合群，于是就经常强迫他（她）去和其他孩子一起玩。这样做反而会更加让孩子没有自信。在这件事上，妈妈不能操之过急。要明白，之所以会出现这种情况，是因为孩子的社会性还没有发育到成熟的阶段，因此，妈妈最好能给孩子充分的时间。

50

听不懂妈妈说的话怎么办

有些4岁的孩子理解能力很差，这是因为他们的词汇还不够丰富，各种体验和社会性不足。不过妈妈必须要区分清楚，孩子是一般程度的理解能力差，还是严重到需要治疗的程度。孩子理解能力差的原因包括智能低下、词汇量不足、注意力缺失、情绪问题等。特别是孩子感受到情绪压力时，就会陷入不安、紧张、忧郁、心情反复无常的状态中。在这种情况下，孩子很难接受周围的信息，且不能对信息做出处理，结果就会表现为理解能力差。由于压力而导致理解能力差的孩子，还会表现出攻击、反抗、敌对等行为。先天发育比较落后的孩子，基本上在所有领域都发育缓慢，而如果理解能力差的原因来自于压力，孩子就会表现为发展不均衡。也就是说，孩子虽然在语言方面的发育非常慢，但是动作发育方面还是正常的。这时候，如果妈妈能帮助孩子减轻压力，使其情绪稳定，很快就会让孩子回到正常的发育水平。如果妈妈觉得一个人力不从心，最明智的做法就是接受专业人士的帮助。

不过，如果孩子是因为学习障碍、注意力缺失/多动症等原因引起的理解能力差，则须要进行适当的治疗。这类孩子始终无法集中注意力听对方说话，也无法体会到语言的魅力。如果是学习障碍引起的，不仅会对学习有影响，对很多方面也会产生负面作用。因此，如果孩子说话特别晚，或者理解能力特别差，父母必须及时带孩子去检查，并接受治疗。

跟孩子说话时，要慢慢说，并且不断重复

如果不是理解能力严重落后，那么，通过改变日常的生活习惯，就可以很好地提高孩子的理解能力。妈妈跟这样的孩子说话时，首先必须降低语速，并随时观察孩子的表情，确认孩子是否听懂。跟孩子说完一句话以后，不要马上说别的，最好能问孩子刚才妈妈说了什么，并且让他（她）重复一遍。另外，妈妈在给孩子读完故事书以后，也要反复跟孩子确认故事的内容。平时妈妈可以经常让孩子完成一些小任务，并且认真观察孩子是否能够顺利完成。理解能力差会对日后的社会生活造成很大影响。如果孩子无法理解别人的感受，无法与人沟通，那么在集体生活中，必将会困难重重。所以妈妈必须要帮助孩子多多练习，使其尽快达到正常水平。

理解能力差的孩子，在幼儿园里也很难与其他小朋友正常相处。因为即使看到对方的表情，也无法理解对方的意思，常常会引发矛盾。但是妈妈在请求老师的帮助时，不要这样说，“我的孩子理解能力比较差，请您多多关照”，妈妈最好能够提出具体的方案，以便得到老师更好地协助，例如“……这样说，他会比较容易明白”，或者“多跟他说几次，他就能知道了”。

孩子出现这样的情况时，需要专家的帮助

1 没有组织观念。

2 经常丢东西。

3 对别人的表情变化感觉迟钝，常常误会对方的意思。

4 听不懂电话里的声音。

5 在吵闹的地方，理解能力明显下降。

6 在换衣服等行为上会花费很多时间。

7 无法理解游戏规则，无法与同龄小朋友一起玩。

51 只看喜欢的书，或只对熟悉的东西感兴趣

这个时期的孩子，能引起他们兴趣的方面很局限，所以他们经常会沉迷在某一件喜欢的事物或活动中。看书的时候，他（她）可能总要求看某一本，这是孩子生长发育的一个过程。那么，孩子为什么会出现这种情况呢?

觉得有趣　仔细观察孩子的一些重复行为，你会发现，这些几乎都是孩子做起来很容易的动作或没有什么困难的游戏。对大人来说，会觉得这些很无聊。而孩子在重复体验这种乐趣的时候，可以在情绪上保持一个积极的状态。

有成就感　通过重复的行为，孩子可以不停地感受要求被满足的感觉，体会到强烈的成就感。

熟练　如果说成就感属于孩子的心理情绪，那么，熟练则属于认知以及运动能力。重复的活动虽然很单调，却可以培养孩子的理解能力、手眼协调能力，并且对肌肉的发育也很有好处。

形成亲密关系 一提到亲密关系，大多数人想到的都是人与人之间的关系，例如父母与子女之间。但是，处于婴幼儿时期的孩子，与小熊玩具、故事书等某个特定事物或活动都可以建立牢固的亲密关系。这种亲密关系一旦形成，和对人的感觉一样，这种特定的事物或活动也会让孩子感觉到安全、舒适，并产生依赖感。其实，成年人也会通过一些简单、重复的言行来追求心理的安慰。爸爸睡觉之前一定要看报纸，妈妈早上起床做完家务后，一定要喝一杯咖啡，都属于这种情况。因此，父母也应该理解并接受孩子的这种行为。如果父母想让孩子体验更多而强迫孩子去做另外的事情，这显然是不对的，父母应该为孩子提供有利条件，帮助孩子享受重复的乐趣。孩子喜欢的玩具，最好把它放在醒目的地方，让孩子可以很容易找到，这样做可以很好地满足孩子的心理需求。当这种需求得到充分满足后，孩子的兴趣自然会逐渐转移到其他地方。

Tips 遇到这样的情况，请咨询专家

如果孩子出现下列情况，即使只是偶尔出现，也须要咨询专业的精神科医生。

总是重复一些没有意义的行为 这种行为也叫做刻板运动，经常出现在有发育障碍的孩子身上。表现为总是用手、脚以及身体重复特定的动作。例如，总是用手掌拍地或者罗圈着两腿走路。

除了一些简单的重复动作，对其他事情没有任何兴趣 这种行为叫做固定性，就是把所有的注意力都放在事物的某一个侧面，或是某一种活动上。常见于患有自闭症等发育障碍的孩子。例如，总是关注别人的胡子或者头发，一直盯着看或者想要去触摸；喜欢把玩具小汽车放在旁边，用手转动它的轮子，而从不考虑别的玩法。

总是重复同一主题的活动 拿着娃娃玩过家家的时候，总是模仿大人的语气打骂娃娃。通过孩子的这种活动，可以掌握孩子的心理状态。这种情况通常出现在那些遭受过身体暴力的孩子身上。

Maisy 3
Blue's Safari
Timothy Goes to School
Caillou
The Magic School Bus
Pete's a Pizza
Mother Goose
The Snowman
Flowers, Bananas & More!
Babies, Dogs & More!
Singing, Drawing & More!
The Very Hungry Caterpillar

52 必须纠正抽动症

“抽动”这个词，英文的原意是指时钟滴滴答答的声音，而在儿童发育中，则是指抽动症。在韩国儿童中，大约有10%～20%会表现出暂时性的抽动症，原因目前尚不明确。

4岁的俊行很聪明，而且做事认真，父母对他寄予了厚望。可是，就在不久前，俊行忽然开始频繁地眨眼睛，去眼科检查也没有查出什么问题。后来，俊行不仅是眨眼，还出现了嘴唇抽搐、肩膀耸动等情况。再去医院检查，医生诊断为“抽动症”。

在医学上，抽动症又分为发声与多种运动联合抽动、慢性运动性或发声抽动、暂时性抽动。该病的发病原因目前并不明确，有人认为该病来自于遗传，或者大脑结构与功能异常等，也有人认为是母亲在怀孕期间的压力过大造成。如果孩子持续出现抽动，必须去医院检查，并接受正规治疗。如果该病长期没有好转，可能会使孩子患上忧郁症，并且很难适应社会。

抽动症的治疗方法

抽动症如不尽早治疗，有可能会持续伴随孩子的一生。另外，如果不进行治疗，孩子在社会适应能力方面也会出现问题，甚至会引发忧郁症，所以父母必须要加以重视。

该病的药物治疗主要是使用神经阻滞剂氟哌啶醇，但一定要在医生处方指导下服用，这种药物可能会产生的副作用包括急性肌紧张、行动低下、体重增加等。

中医认为，抽动症会表现为肝、心和肾问题，如果坚持服用相应的药物，可以很好地缓解症状。

Tips 抽动症有哪些表现

与本人的意志无关 抽动症就是在不想眨眼睛的时候眨眼睛，或者脸部肌肉出现不自主地活动。

情绪焦虑的时候，脸部肌肉的抽动更严重 当孩子感觉到有压力的时候，脸部肌肉抽动现象会更严重。

抽动部位不同 抽动现象经常会表现在机体不同的部位，有时是眨眼睛，有时会嘴唇抽搐。

注意力分散 这样的孩子无法把注意力集中在一件事情上。20%～30%的儿童都会出现临时性抽动症。

心情抑郁 缺乏自信、心情抑郁也会导致抽动症。

多进行缓解压力的运动

民俊从小就很敏感，他在学钢琴的时候，出现了抽动现象。开始的时候，看到孩子眨眼睛，我以为只是普通的眼病。可是，带他去眼科检查却没有发现异常，于是又带孩子去看儿科。儿科医生说，敏感的孩子容易出现暂时性的抽动症。后来我了解到，民俊是因为学钢琴感到有压力，才出现抽动症的。于是我决定暂时停止民俊的钢琴学习，让民俊去踢足球，希望他能通过身体活动缓解压力。后来民俊的抽动症状果然慢慢消失了。

崔宝英　民俊的妈妈

培养孩子的自信

京时总是缺乏自信，对我的依赖性很强。他从4岁开始去儿童之家，换班以后就开始出现抽动现象。起初我没有在意，后来觉得不太对劲，便带他去了医院。医生说这是暂时性抽动症。后来我又带他去了儿童精神科，在那里了解到，原来京时的这个问题，与我在孩子1～2岁时患过忧郁症有密切关系。也就是说，我在应该与孩子建立亲密关系的时期，没能顺利形成这种关系，所以带给京时很多困扰。后来我和京时一起接受治疗，并对他倾注了更多的关心。治疗两个月后，京时的抽动现象几乎完全消失了。

金尹志　京时的妈妈

摆正妈妈的心态

在学生时代，我一直是学校的第一名，可看到儿子张宇事事都比别人落后，心里非常着急。自己处处都走在前面，可是儿子却对学习没有什么兴趣。而且后来张宇还出现了抽动现象，这更让我觉得自尊心受到了伤害。为了改变孩子的状况，我来到了儿童咨询所，医生建议我也同时接受心理治疗。起初我并不同意，可是当听到医生说，张宇之所以会出现抽动症，主要原因就是因为自己对孩子的要求太高，便决定听从医生的意见。接受治疗以后，我才知道，原来这段时间自己带给孩子那么大的压力。于是我决定停止孩子所有的课程，从拥抱开始，真正去爱孩子。

崔由利　张宇的妈妈

Our Animal Friends

在钢琴工厂里写出世界名曲的作曲家——舒伯特

如果孩子在音乐、美术、运动等某个领域表现出特别的才能，大部分的父母都会非常高兴，并且尽可能地通过各种方法去培养孩子的才能，比如带孩子上特长班或者请私人老师等，而这些往往已经超出了孩子的实际能力。孩子刚刚萌芽的才华，或许就此被扼杀了。

只活了短短31年，却写出了600多首世界名曲的弗朗茨·舒伯特，小时候就表现出了非凡的音乐才华。不幸的是，他的身体很不好。从6岁开始，舒伯特的爸爸就以莫扎特和贝多芬作为榜样，对儿子进行严格的早期音乐教育，可是对身体虚弱的舒伯特来说，这根本就是无法完成的任务。于是，舒伯特的妈妈说服了丈夫，很快停止了这种做法，而把主要精力放在恢复儿子的健康上。在妈妈的精心照料下，舒伯特的身体日渐好转，到8岁的时候，终于可以开始学习音乐了。从那时开始，舒伯特的音乐天分也逐渐展现出来。不过妈妈告诉舒伯特，因为家里太穷，根本不可能给他买一架钢琴。后来舒伯特的妈妈来到制造钢琴的工厂，恳求厂主让舒伯特在仓库里弹钢琴。舒伯特终于可以放心地弹钢琴了。在这里，舒伯特创作了几首室内音乐。舒伯特的爸爸希望儿子能当一名音乐教师，但是舒伯特更热爱作曲，而帮助舒伯特追求这种热爱的，依然是他的妈妈。“妈妈知道，如果不让你作曲，你根本没法继续活下去，你一定会成为一名伟大的作曲家，妈妈一定支持你。”舒伯特的妈妈给了儿子足够的勇气，并且一直在精神上支持他，让儿子最大限度地发挥出了自己的才华。为了报答母亲的爱，舒伯特专门写了一首《圣母颂》，献给自己的妈妈。

妈妈是发现孩子才能的人，而培养这种才能的人，依然是妈妈。每一位母亲都有责任帮助自己的孩子最大限度地发挥其才能。

译注：弗朗茨·舒伯特（1797—1828），奥地利作曲家，早期浪漫主义音乐的代表人物，被认为是古典主义音乐的最后一位巨匠。他一生创作了600多首歌曲，18部歌剧、歌唱剧和配剧音乐，10部交响曲，19部弦乐四重奏，22首钢琴奏鸣曲，4首小提琴奏鸣曲以及其他作品，被称为“歌曲之王”。

Part 06

健康成长的基础工程

孩子必须养成的生活习惯

53

培养孩子的乐感

现在大部分孩子都会学习至少一种乐器。多数孩子都是从4岁（有些甚至更早）就开始上钢琴课了。不过在这个阶段，没有哪个孩子爱听古典音乐，也没有孩子喜欢听音乐会。主要的原因就是，虽然妈妈把孩子送进了钢琴班，却没有给孩子创造一个可以享受音乐的环境。如果家里有钢琴，就请妈妈和孩子一起弹吧。你说自己不会弹钢琴？“1、2、3、4、6、7”总知道吧？其实，只要知道这几个音符，就能和孩子一起快乐地享受音乐。妈妈可以让孩子闭上眼睛，然后按下某个琴键，让孩子说出这是哪个音。如果孩子说错了，可以再让孩子多听几次。还可以弹一些孩子喜欢的简单儿歌，由妈妈和孩子一起唱。通过这些活动，孩子不会再反感钢琴，而是把它当作一个大玩具，也会慢慢学会享受音乐所带来的快乐了。

Veloce

54 我可以自己做到

等待孩子自己穿好衣服

孩子到了4岁，已经可以自己脱下内裤了。从这时开始，妈妈要尽量让孩子自己穿衣服，但要多花一些时间。往往孩子正穿衣服，注意力突然又被旁边发生的事吸引过去，甚至刚穿上一条裤腿就跑去玩了。有时让孩子自己穿一次衣服会用上一个钟头。如果妈妈因为着急出门，看到孩子这样，干脆过去替孩子穿上。妈妈最好避免这种做法。如果只要一着急，就由妈妈替孩子穿衣服，那么孩子可能很大了还学不会穿衣服。孩子自己穿衣服的时候，即使穿错了，也要称赞他（她）。然后告诉他（她）哪件穿错了，并建议他（她）改穿其他的衣服。这时候，如果孩子执意要穿这一件，尤其是刚学穿衣服的孩子，那么最好能尊重孩子的意见。因为在这时候，穿哪件并不重要，最重要的是孩子能够自己穿。过了这个时期以后，则要教给孩子按照季节和场所选择衣服的方法。同时，避免给孩子穿那些紧身的裤子，或者看上去很漂亮但不容易穿脱的衣服。因为在幼儿园，老师无法时刻关注到每一位小朋友，当孩子着急上厕所的时候，这样的衣服就会比较麻烦。4岁孩子的手指还不是那么灵活，尤其在着急的时候，可能会解不开纽扣，所以，最好选择带拉链、穿脱方便的衣服以及裤腰是松紧带的裤子。

教给孩子正确的洗手方法

这个时期的孩子，在户外玩耍的时间越来越长。他们越来越喜欢脱离父母的保护，和同龄的小朋友在一起玩。但为了保证卫生，必须让孩子养成洗手的习惯。有研究显示，感冒病毒主要是通过手传播，而非通过空气传播的。父母要求孩子外出回来以后或吃饭之前，都要认真洗手。孩子在洗手的时候，最重要的是洗干净。妈妈最好能经常提示孩子洗手的要领，而且守在他（她）旁边，一直到孩子能够自己把手洗干净为止。另外，在培养孩子洗手习惯的时候，顺便教给孩子如何节约用水。

帮助孩子独立上厕所

4岁以后，孩子已经学会独自去厕所，脱掉裤子，坐在马桶上，方便后冲水。不过，4岁的孩子还不会大便后自己擦屁股，所以这时还需要大人的帮助。开始的时候，妈妈可以先帮忙，以后还是应该逐渐让孩子自己来完成。当然，对于4岁的孩子来说，自己擦干净屁股确实有些困难，所以妈妈最好能守在他（她）旁边。在撕卫生纸的时候，要告诉孩子养成节约的习惯。上完厕所以后，必须认真洗手。如果孩子到现在还不肯自己上厕所，那么妈妈可以尝试改变一下卫生间的风格，变成孩子喜欢的样子。比如摆一些玩具或者放几本孩子喜欢的书，这样孩子在上厕所的时候就不会觉得无聊了。

55 总是把别人的东西占为己有

4岁的孩子，由于还不具备准确的所属概念，所以经常会拿走别人的东西，如果因此把孩子的这种行为与“偷窃”联系起来，是没有道理的。不过父母必须要教会孩子区分自己和别人的东西。只有这样他（她）才会明白，拿走别人的东西是一种不好的行为。

韩国延世神经科附属小儿青少年神经科医院的孙硕汉医生建议，“如果孩子拿了别人的东西，父母不要随意地指责孩子，而应该保持一贯的态度，反复对孩子进行说明，直到孩子理解为止”。对孩子的这种行为，如果父母有时态度坚决地予以禁止，有时又置之不理，甚至还允许孩子这样做，那么很可能会在孩子的社会性概念的建立上引发一些问题。

问清楚孩子为什么要这样做 了解孩子为什么要拿走别人的东西，然后告诉孩子不应该这样做。

平时不要太吝啬给孩子买玩具 父母检查一下自己，平时是否很少给孩子买玩具或零食。

态度一定要坚决 在告诉孩子不能拿别人的东西时，父母态度一定要很坚决。“这孩子天生就脾气倔……”一位妈妈说，“要是不给他拿，他可能会一直哭……”这时其他妈妈会说，“先拿走，然后再拿回来就是了”，如果总是像这样，因为孩子的吵闹和纠缠就妥协，孩子就会认为，只要自己一闹，就能解决问题。

跟孩子解释这件东西对其他小朋友的重要性 4岁正是喜欢和同龄小朋友一起玩的时候。因此妈妈可以告诉孩子，如果拿走了小朋友的东西，下次就不能和那个小朋友玩了，要想和别人好好玩，就必须要分清哪些是自己的东西，哪些是别人的东西。

告诉孩子珍惜自己的东西 4岁的孩子，对于别人的东西和自己的东西还不能做出准确的判断，所以他们在出现这种情况的时候，很少会感到自责。孩子拿的东西大多是小玩具或糖果等小物品。这时候，如果父母表现得非常激动，反而会让孩子不知所措。如果孩子从超市直接拿走了商品，最好带他（她）一起回到超市，先向售货员道歉，然后再付钱。这个过程必须要让孩子在场，这样孩子就会懂得，这种把东西拿走的方式是一种错误的行为。

在玩耍中解决问题

带孩子去买东西 “乖乖，和妈妈一起去市场吧”，通过去市场，妈妈可以告诉孩子，拿走东西的时候一定要付钱。

给物品贴上标签 和孩子一起，在他（她）的物品上贴上写有名字的贴纸。通过这个过程，孩子就会明白这个东西是属于自己的。而且孩子也会明白，有些东西是属于别人的。

爸爸的袜子，我的袜子 收衣服的时候，让孩子挑出爸爸的袜子、妈妈的袜子，还有自己的袜子，然后把爸爸的袜子放进爸爸的抽屉，妈妈的袜子放进妈妈的抽屉，自己的袜子放进自己的抽屉。孩子会通过对袜子的分类，掌握所属的概念。

Tips 拿了别人的东西要立刻还回去

尹志只要一去其他小朋友家，就会背着妈妈拿走别人的玩具。开始的时候，妈妈崔宝拉并没有太在意，后来发现尹志经常这样做，才意识到了事情的严重性。韩国有句老话，“偷针的贼也是贼”。当尹志把小朋友的发夹放在包里带回来后，崔宝拉立刻带着尹志又回到那个小朋友家里，然后让尹志自己把发夹还给小朋友。尹志很听话地照做了。虽然尹志似乎没有表现出特别的自责，但是他好像已经知道了这样做是不对的。这件事情以后，尹志再也没有从小朋友家拿过东西。相反，如果他想要什么，会对那个小朋友说，或是告诉妈妈。

56

4岁孩子一个人睡的挑战

一般来说，4岁左右的孩子已经可以一觉睡到天亮，夜里不会再突然醒来了。孩子睡眠保持在10～12个小时比较合适。而午睡时间，每个孩子会存在一些差异，有的孩子要睡30～90分钟，有的孩子根本不午睡。

如果孩子的睡眠时间过少，或者睡着以后经常醒，妈妈要检查一下孩子的睡眠环境是否存在一些影响孩子睡觉的因素。如果大人一直到很晚都在孩子旁边看电视或用电脑，可能会减少孩子的睡眠时间。如果排除了环境影响因素后孩子仍然睡眠不好，妈妈就要检查一下孩子的身体和心理状态。如果不存在外在原因，但孩子总是睡不好，多半是孩子出现了心理问题。这时候，父母必须要检查并找出原因，比如父母关系不好，照顾孩子的人总是处于紧张状态，父母的教育态度前后不一样，妈妈又有了小宝宝等。

让孩子拥有幸福的睡眠

睡前不要吃太多东西 孩子和大人一样，睡觉之前最好不要吃太多东西。如果孩子想吃，可以给他（她）少量的果汁或水果，要尽量避免谷物食品。

当孩子睡不着的时候，不要对孩子发脾气 妈妈要让孩子觉得，睡觉是一件幸福愉快的事情。睡觉之前，可以给孩子读他（她）喜欢的故事书，或者和孩子一起玩手影游戏，让孩子的身心都放松下来。

养成早睡早起的习惯 无论对孩子的身体发育，还是情感发育，早睡都是非常重要的。晚上10点之前一定要让孩子上床躺下，并为孩子营造出睡觉的气氛。

白天的睡眠时间不要太长 4岁及更大的孩子，如果白天睡得比较多，那么晚上就很难进入深度睡眠。所以，孩子白天的睡眠时间最好不要超过1个小时，而且要避免让孩子下午四五点以后睡觉。

睡前不要让孩子太兴奋 睡觉之前，最好不要进行那种会让孩子特别兴奋的活动。也不要让孩子看电视或用电脑到很晚。睡前可以和孩子进行一些安静的活动，例如读书、家人之间的聊天，这些都可以帮助孩子获得幸福的睡眠。

4岁的孩子适合一个人睡吗

在西方，大约有90%的孩子从一出生就是和妈妈分开睡的。而在韩国，专家认为4～5岁才是让孩子单独睡的适当时间。无论过早还是过晚让孩子一个人睡，都不太好。因为这两种情况都有可能造成孩子出现分离焦虑情绪。4岁的孩子，正是对自己的物品占有欲最强的时期，所以，他（她）不会拒绝睡在属于自己的空间里。而且，这个时期的孩子，睡着以后中间一般不醒。所以到4岁以后，就可以让孩子接受一个人睡觉的挑战了。

“自从有了弟弟以后，尹镇夜里就开始尿床了。其实他两岁之前就已经能自己小便了，后来也没有出现过夜里尿床的情况。是弟弟让尹镇觉得有压力吗？”像尹镇这种情况，对小便时而能控制，时而又控制不好的原因，多半是因为压力或者情绪方面的问题。如果是因为情绪方面的原因导致夜里尿床的话，首先必须找出孩子到底存在什么样的压力。很多人以为，随着年龄的增长，儿童的遗尿症会自己好转，其实，如果尿床时间持续过久，孩子对自我的认识会变得很糟

57 孩子出现尿床，要从身边查找原因

糕。情况严重的话，孩子甚至会丧失自信，对其他活动也失去兴趣，特别是对露营或团体活动不再感兴趣。所以，父母最好能够在最短的时间内解决好这个问题。韩国東草涵小儿中医院的申东吉院长认为，“孩子满4岁以后，如果还不能很好地控制小便，就可以诊断为遗尿症，这时候，父母绝对不要训斥孩子，而是要帮助孩子疏解压力，让他（她）逐渐学会自己控制小便”。

不要训斥孩子

我最近最头疼的事情就是京时夜里开始尿床了。虽然我也带他去儿科看过，可是医生说孩子身体方面没有任何问题。怀着郁闷的心情，我又带京时到了儿童咨询所，而在这里得到的诊断是，他之所以现在会出现这种情况，是因为他小时候没有与我形成很好的亲密关系。在京时两岁左右的时候，我因为受到来自公司和养育孩子的压力而患了忧郁症，

在那段时间，我确实疏忽了对京时的照顾。找到原因以后，我对京时更加关心了，现在京时夜里尿床的频率已经减少了很多。

李尹真　京时的妈妈

首先找出产生压力的原因

尹成控制小便的时间比同龄小朋友早。可是不久前，尹成夜里突然开始尿床了。我非常生气，对孩子大发脾气，可是这样只会让情况变得更糟。后来听从周围人的建议，我带尹成去了他喜欢的游乐场玩，又带他出去吃饭。然后我试着问尹成是不是有什么事让他感觉不舒服。尹成终于说出他不久前在幼儿园里被一名6岁小孩欺负的事，了解到这些以后，我为曾经对孩子发脾气而感到非常自责。于是，我决定暂时先不送尹成去幼儿园，尹成夜里尿床的事情也就自然而然消失了。如果孩子是因为情绪方面的原因而出现夜尿症，那么要认真与孩子沟通，并找出原因。

李成镇　尹成的爸爸

不要与其他孩子相比较，不让孩子感觉羞耻

我连着生了两个孩子，总是习惯性地拿哥哥硕真和弟弟硕中做比较。外貌、性格、学习等各方面，弟弟似乎都要比哥哥优秀，邻居和亲戚也都喜欢夸奖弟弟。于是，当硕真出现夜里尿床的情况以后，我首先就是拿他跟弟弟比较，这让敏感的硕真感到羞愧不已。从此以后，硕真变得更加没有自信，尿床的次数也增多了。最近，我开始注意自己的言行了，尽量不再把两个孩子进行比较。每次睡觉之前，我也不再让硕真吃利尿的食物。现在，我正在耐心地等待着硕真尿床问题的好转。

金恩智　硕真的妈妈

为什么会弄脏衣服

4岁的孩子，已经完成了排便训练，可是他们还是会经常出现大小便时把衣服弄脏的情况，这是正常现象，所以妈妈不必过分担心。男孩子出现这种情况的比例要高于女孩子。4岁是玩兴最浓的时期，有时孩子就算感觉有尿意，可是正玩在兴头上，所以就算很想小便也会忍着。而当孩子想上厕所的时候，可能已经来不及了。还有些孩子上厕所时故意弄脏裤子，以此来发泄自己的不满。这种情况一般是孩子内心存在着心理障碍。此外，环境的变化也会打乱孩子的正常排便习惯。不过很多专家认为，上厕所时弄脏裤子，更多的原因还是源自孩子发育上的问题，而不是心理问题。

58

孩子方便的时候总是弄脏衣服，怎么办

对不同类型孩子的应对方法

过度爱玩的孩子　每次孩子把裤子弄脏时，妈妈都要及时记录下当时的情况，并认真察看孩子的状态，是因为和小朋友一起玩感到压力，还是只顾着玩，忘了及时上厕所。如果是因为玩得太兴奋而忘记上厕所，就要随时问孩子想不想上厕所，或者告诉他（她），“想尿尿就赶快去厕所，不能憋着”。

害羞的孩子　有些孩子一直对上厕所感到害羞。这样的孩子即使在想去厕所的时候，也会有意或无意地去逃避这种想法，而且会自己说服自己，“我不需要去厕所”。对于这类孩子，妈妈可以告诉他（她），“上厕所和吃饭睡觉一样，是非常正常的，是每个人都要做的事情”。

懒惰的孩子　有的孩子觉得上厕所是在浪费时间。这些孩子认为，上厕所会耽误玩耍的时间，所以宁可选择弄脏衣服。如果想帮助孩子纠正这种错误的排便行为，可以给孩子穿一些方便穿脱的衣服，让孩子能尽快方便完，好继续去玩。

便秘的孩子　存在便秘问题的孩子中，弄脏衣服的情况为数不少。这个说法可能会让很多父母感到意外。弄脏裤子的原因往往是孩子排出坚硬的大便之后，随之被忽略的稀便滴在衣服上造成的。妈妈可以给孩子吃一些富含膳食纤维的食物，比如蔬菜和水果，每天至少喝两杯水，这些都对缓解便秘有很好的作用。

敏感的孩子　父母要对孩子解释清楚发生了什么事情。孩子应该知道，为什么自己的裤子会变脏。父母要告诉孩子，“虽然你已经长大了，可你的肠道还没有完全发育好，我们必须让肠道也快点长好”。要让孩子明白，必须要对自己的身体负责，当肠道或大脑发出信号的时候，一定要及时反应。有时父母也可以这样对孩子说，“你的大脑不舒服，肠道也会不舒服，它们无法像平时那样正常工作”，孩子紧张的时候，也会引起胃肠不适。父母不要把责任都推到孩子身上，甚至因为这件事打骂孩子。

59

在生活中培养孩子的注意力

4岁孩子的注意力能到何种程度

4岁的孩子已经能够知道，自己在做某事时注意力应该集中在当前的行为上，但是他们注意力集中在某一件事上的时间并不能太久。当然，孩子还不能像成年人那样反省自己的行为，但他们已经隐约可以识别并控制自己的想法和感情了。这时候，如果对孩子进行持续、系统的注意力教育，会对孩子很有帮助。

检查孩子的注意力

□手脚一直在动，无法完全停止下来。

□无法持续玩一个游戏。

□身体像在骑摩托车一样，总是在动。

□话很多。

□经常妨碍别人的行动。

□经常丢东西。

□经常出现大大小小的事故，经常受伤。

□排队等候时，没有耐心。

□总是与同龄小朋友打架，无法与其他小朋友友好相处。

结果分析

1～3项：注意力发育没有太大问题。如果能够帮助孩

Tips 名词解释

注意力 指的是为了获取需要的资料，考察外部世界的一种能力。

注意力集中 把所有的注意力放在一件事情上，全部精神都集中于此。

注意力不集中 注意力下降的状态（会造成注意力缺失/多动症）。

分心 是指精神涣散，处于混乱状态。当孩子分心的时候，就无法选择一个任务，并持续保持专注，同时还会因为各种刺激而分散注意力。

子保持高度的注意力，在入学以后，会产生积极作用。

4～5项：注意力方面存在着一些问题，需要父母更细致的关心和照顾。如果孩子只是在家里或亲子园出现这种状况，可能在那里受到了一定的压力，父母最好找出原因并且将其消除。

6～9项：注意力方面存在着严重的问题。

怎样培养孩子的注意力

那些活泼好动、冲动型的孩子，无法长时间待在一个地方，总是在动。这类孩子无法注意到事物的细节部分，经常出现各种各样的事故。因为兴趣很容易被转移，所以他们对于动作幅度较大，需要精神高度集中的活动比较反感。韩国注意力中心李京明所长认为，对于这样的孩子，妈妈首先应该增加他们的运动量，特别是户外活动，不要总让孩子留在狭窄的室内，多带孩子到郊外，创造能够经常做全身运动的机会，通过与父母的肌肤接触，培养孩子对身体的感觉。当孩子进行一些需要集中注意力的活动时，可以先从短时间开始，然后逐渐延长时间，效果会比较好。相反，性格内向、消极，总喜欢独自发呆的孩子，虽然给人的感觉很文静，但是很容易走神。让这种孩子做一些须要集中注意力的事情时，他们常常没有完成，就会开始玩手，或是思想开小差。对于这样的孩子，妈妈可以让孩子分阶段地完成事情，当发现孩子走神的时候，妈妈必须立刻提醒他（她），让其注意力重新集中。但是，不要指责或是打骂孩子，必须要客观地告诉孩子，“是不是又想别的了，要先把颜色涂完才能想别的呀”。

60

发现孩子自慰，不必惊慌

3～4岁的孩子，经常触摸自己的性器官，被称为“幼儿自慰”。小孩子的这种行为只是因为在触摸性器官的时候能感觉到皮肤的触感，或者是好奇心引起的，与成年人的自慰完全不同。

孩子为什么会自慰

3～4岁的孩子，大部分都会玩自己的性器官。对于孩子来说，自慰行为只是发现身体上的这个器官，并且发现来自这里的快感，这是一个正常的过程。在孩子摘掉尿布洗澡的时候，他们会探索自己的身体，并且发现触摸某个部位要比触摸其他部位感觉更舒服。发现了这样的部位以后，孩子就会经常用手去触摸。在无聊想找点事做或者要求遭到拒绝的时候，他（她）都会触摸性器官，并且把它当作一个玩具。这种情况会经常出现在正常成长的孩子中，到他们6～7岁的时候，这种行为就会慢慢消失，所以父母完全不必因此而惊慌失措。

自慰情况严重怎么办

男孩会用手抓着性器官，在裤子或坐垫上摩擦。女孩则会用手指刺激性器官，严重的时候，甚至会把一些玩具放进去。他们有时会出现蜷起双腿，摩擦大腿根，然后脸色变红，而后又变得苍白，冒汗，直至入睡的情况。孩子的自慰行为是在享受某个身体部位，这有助于培养健康的性欲，珍视自己的身体。偶尔触摸性器官的行为，既不肮脏，又没有害处，父母可以把这种行为理解为性发育的一个正常过程。但是，如果孩子经常玩弄性器官，而且程度比较严重的话，孩子就会陷入这种只属于自己的愉悦和快乐中，从而逃避与其他人的相处。当父母看到孩子坐在地板上，一边摩擦性器官，一边两颊泛红，额头冒汗的情景，都会惊慌失措。如果孩子对其他事情失去兴趣，过分沉迷这种快乐的话，就是一种不正常的行为了，这时就须要寻求专家的帮助。发现这种情况的时候，父母最好不要当即指责孩子。如果在孩子高度兴奋的状态下制止他（她），这一要求没有得到满足，有可能会引起其他的不良行为。父母可以温柔地把孩子叫过来，问他（她）从什么时候开始，为什么要这样做，找到原因以后，再努力消除原因。如果孩子是因为瘙痒才这样做，就要检查是否出现了湿疹或皮炎，并尽快治疗。

孩子在人多的地方自慰怎么办

即使孩子当着很多人的面，骑在沙发扶手上晃动身体，或者把手伸进裤子里，妈妈也不要马上呵斥孩子的这种行为，而应该告诉孩子，这件事不应该在大家面前做。“摸这里，就好像上厕所一样，是很秘密的事情”或者说，“我觉得你最好还是去没有人看到你的地方，因为在这里会让大家觉得不舒服”。当然，增加孩子在户外玩耍的时间，将孩子的注意力转移到其他地方，也是很好的方法。

自慰行为的家庭护理

提供其他方法，帮助孩子舒缓压力　总是感觉无聊的孩子，就会经常刺激自己的身体。因此，父母平时要尽量帮助孩子保持活跃的身心状态，随时关注孩子是否感受着压力。当搬家、结识新朋友或者环境改变的时候，父母都要帮助孩子尽快适应新的变化。孩子上床以后，可以按摩他（她）的后背，或者给他（她）听一些可以平静心情的音乐。

和孩子对话　面对这个问题的时候，和孩子对话是最好的方法。如果孩子经常把手伸进裤子里，就可以告诉孩子，“哲秀，你摸这里的时候，是不是很高兴？爸爸像你这么大的时候，也这样过。不过，如果摸得太多的话，你就没时间去玩别的更好玩的事情了。你还想做什么事情？想让爸爸和你一起玩什么吗？”对于成长过程中的孩子来说，这种对话对树立孩子正确的性观念有很大帮助。

请第三方帮忙　如果感觉和孩子进行与性有关的对话不太方便，通过父母的行为以及一些不自然的词语，会让孩子觉得，性这件事是令人不快的，会对孩子造成一定误导。如果孩子的自慰已经成为一种习惯，可以请儿科医生帮忙。有时，由医生或其他人来与孩子沟通这个问题，效果反而更好。可以对孩子说，“你总摸那里，亲子园的老师是怎么说的，还记得吗？”这样可以很好地帮助孩子改掉这种行为。

不要指责孩子的自慰

韩国李路达儿童发展研究所所长玄顺英指出，幼儿的自慰行为，是对身体的一种探索，父母不应该把这种行为看做是一件不好的事。当然，如果孩子持续这种行为，父母也不能置之不理。因为这样会让孩子失去很多参与其他活动的机会。帮助孩子改掉自慰的习惯，必须先从改变环境开始。很多妈妈认为孩子还太小，根本不需要穿内衣，但实际上，孩子在这个阶段还是应该穿小内裤。另外，如果内裤和裤子太紧的话，也会刺激性器官，但也不能太宽松，这样孩子会很容易把手伸进去，所以要选择松紧适中的服装。孩子经常会在早上起床以后或者感到无聊的时候自慰，女孩则大多是坐在椅子上的时候自慰。因此，早上孩子一起床，妈妈就立刻带他（她）去洗脸刷牙，然后给他（她）多准备一些玩具和活动，不要让孩子感到无聊，并尽量把孩子的注意力转移到其他地方。

在玩扮演医生的游戏时，告诉孩子要珍视身体

让很多家长想不到的是，有些孩子是在玩扮演医生的游戏时进行自慰的。这个游戏可以满足孩子对自己和别人的身体的好奇心，并降低孩子对医院的恐惧感。玩这种游戏的时候，被合理地允许可以脱掉衣服，所以孩子会觉得非常有趣。但是，如果连内裤也一起脱掉的话，妈妈就要引起注意了。但是，如果妈妈这时候呵斥孩子，只会让他（她）感到更好奇，可能会背着妈妈偷偷地进行。这时，妈妈最好告诉孩子，性器官是我们身上的重要部分，而且很脆弱，很容易受伤，所以要好好爱护。

Tips 给孩子读书

不知道从什么时候开始，妈妈车真景发现孩子经常把手伸进裤子里。起初，车真景以为是进了什么东西，或者裤子太紧，也没有在意。偶然发现孩子竟然是在自慰，这让她非常震惊。不过，她并没有立刻指责孩子，而是打算先找一些相关书籍来看。车真景走进书店才发现，原来有这么多关于幼儿性教育方面的书。看书以后，车真景开始给孩子讲解性器官的作用，并且告诉他这里是最需要“珍爱”的地方。后来孩子还是会偶尔问起与性有关的问题，但把手伸进裤子的行为越来越少了。